中华先烈人物故事汇

谭嗣同

主编 张海鹏
副主编 赵兴胜
编著 崔华杰 刘冰

学习出版社

目 录

Contents

引　子

1898年9月28日，北京，刑场，天际微亮，秋风寒瑟。一位外观污泞但精神凛然的青年，与其他5人由东往西排列，双手束后，两膝跪地，等待刽子手的斩决。

这位清秀的青年就是谭嗣同，时年33岁，湖南长沙府浏阳县人。在浏阳市才常路的“谭烈士专祠”，曾摆有一幅谭嗣同牺牲前一年拍摄于南京的照片，那时的谭嗣同32岁，外穿月白色长衫，内着玄色武士装，左手叉腰，右手持剑，可谓是鲜衣怒马似锦华，意气风发青年时。

从32岁到33岁，人生之一华年而已，对谭嗣同来说却是生死转换之年。1897年1月，谭嗣同写成其重要著作《仁学》，这是维新派的第一部哲学著作；同年2月，回湘与唐才常等倡办时务学堂；1898年年初，又创建南学会，办《湘报》；8月，被光绪帝征召入京；9月，光绪下诏授谭嗣同和林旭、刘光第、杨锐四品卿衔军机章京，参与变法。如果按照这种节奏发展，谭嗣同理所当然地会成为光绪帝开展朝政的肱股之臣，还会成为大清推行新法乃至走向中兴的重要谋臣。

但是，谭嗣同等维新志士所依赖的乃是一个未有实权的皇帝，以慈禧太后为首的后党反扑之时，也是他们走向厄运之际。1898年9月21日，西太后发动政变，下发谕旨捉拿维新派。谭嗣同听到政变消息后，实际上可以像康有为、梁启超那样逃亡海外，保住身家性命，以图东山再起。然而，在这种生死攸关之际，谭嗣同这样说："各国变法无不从流血而成，今日中国未闻有因变法而流血者，此国之所以不昌也。有之，请自嗣同始。"他这样做的目的，就是决心以死来殉变法事业，用个人躯体的牺牲向腐朽的晚清封建政府作最后的精神反抗。

谭嗣同虽然牺牲了，但他留下的精神遗产为后世承扬。据载，湖南省立第一师范的教师杨昌济特别看重谭嗣同的《仁学》一书，提倡学生要有“独立奋斗、发动心力”的精神。当时，正在这里求学的毛泽东和其他同学深受感染，他们的日记和笔记中常有“谭浏阳英灵充塞于宇宙之间，不复可以死灭”一类的议论。

今天，让我们走进谭嗣同，感怀他的人生经历、思想火花和精神财富。

01 年少多舛 历经磨难

出身官家

1865年3月10日，北京宣武城南孏眠胡同，户部官员谭继洵的邸第，其第七子出生。因为孩子与自己同一属相，谭继洵便给孩子取名嗣同。

这时的谭继洵，刚过不惑之年，从29岁中了进士到这时，他已在大清官场打拼了13年有余。由于大清官僚体制的固化，更因其家庭出身的卑微，谭继洵在官场上极为谨慎小心。原来，在谭继洵6岁时，父亲突然去世，抛下母亲毛氏和儿女7人相依为命，勉强糊口。家中排行老三的谭继洵年幼时体弱多病，多亏家中兄长多方照料，后来，他这样回忆说：“洵体素羸弱，兄保抱携持，体恤备至。稍长，得咯血症，兄求医调药，日夜惊扰，甚于己疾。”谭继洵天资聪颖、学习刻苦，也不负家族期望，1842 年补为县学附生，1849 年考中举人，成为浏阳谭氏宗族有史以来第一位青年举子。这种生活背景下成长起来的谭继洵，深知家族不易，社会艰难，所以入朝为官以来，一直勤恳本分，处事谨慎，一副典型的封建官员形象，少有新式思想的变通。

谭嗣同的母亲徐五源，比父亲谭继洵小 5 岁，是一位恪守封建礼教、勤俭持家的妇女，和中国封建时代的传统妇人一样，以相夫教子为己任，日夜操持家务。据载，为了让丈夫专心学业，早日考取功名走上仕途，谭母每日天还未亮就早早起床，洗衣做饭，操持家务，纺线织布，辛勤劳作，毫无怨言地承担起了家庭的重担。虽然丈夫后来走上仕途，家境富裕，生活优渥，但谭母依旧不忘过去的艰难，在吃穿用度上节俭如故。因此，谭嗣同长大后曾为母亲写过一篇《先妣徐夫人逸事状》，讲述谭母常早起纺作，破晓时分的纺织声惊动了家住附近的私塾先生，他还误把这位辛劳的妇人认为谭家的用人，后来得知竟是谭嗣同生母，感到大为震惊。因此，尽管出生于官宦之家，但受母亲影响，谭嗣同不仅没有染上“官二代”的纨绔习气，还养成了勤奋、正派和坚毅、独立的品质。

1876 年，一场突如其来的瘟疫打破了家中的宁静。当时，北京地区暴发了严重的白喉传染病。医疗条件落后，瘟疫不受控制，四处扩散。谭嗣同的二姐谭嗣淑不幸染上了这种疾病，当时谭嗣淑虽已出嫁，但婆家害怕传染而不敢照看，任其自生自灭。出于对子女的关爱，谭母便从居住地通州赶往北京亲自照料谭嗣淑。由于当时的人们缺乏医疗知识，不注重疫病的防范，不久之后谭母也染上了病。在疾病的肆虐下，1876 年 1 月 29 日，二姐谭嗣淑病逝，3 天后，母亲也病故了，接着二哥谭嗣贻也因病离世。此时的谭嗣同只有 12 岁，尚且年幼，母亲和兄姊的相继离世给谭嗣同沉重一击，尤其是母亲之死，在他心中留下了难以愈合的创伤。

母亲去世之后，谭嗣同交由庶母卢氏照顾。谁料不久，谭嗣同不幸患上疾病，父亲见他日渐病重，更害怕传染全家，便带领全家在通州另租房居住，将谭嗣同留在原住处由庶母照料。独自一人照顾身染重疾的病人，庶母卢氏心怀歧视，内生不满，便对谭嗣同不闻不问，置之不理。谭嗣同病情发展迅速，随时有死亡之虞，然而凭借顽强的意志还有老师欧阳中鹄的悉心照料，谭嗣同的病情竟然慢慢好转起来，这让父亲又惊又喜，给儿子取字“复生”。

虽然侥幸捡回生命，“死而复生”，但是至亲的离世和家庭的冷漠在谭嗣同年幼的心中埋下了一颗憎恨封建道德的种子，为他日后产生维新思想埋下了火种。也正是这种封建伦理的迫害，更使谭嗣同随着年纪的增长产生了冲决网罗的思想，最终不顾一切地想要铲除罪恶的封建礼教。

从师学习

谭嗣同早在 5 岁就已开蒙，与兄长谭嗣襄共拜一位名叫毕纯斋的教书先生为师。与中国传统学塾师爷不同，毕纯斋不仅熟知中国传统儒学典籍，更喜欢当时西洋传来的实用之学，平素研究勾股和大小算法，察地理、观天文，也热衷于绘画，可以说是知识广博、中西并包。这位启蒙老师不仅给谭嗣同兄弟讲解认字、属对和地理、数学等知识，还教给他们撰写诗文的基础。正是得益于这位恩师，谭嗣同自年幼时期便拓宽了知识上的视野，为日后接受外来的新式思想，继而产生维新思想奠定了萌芽基础。

8 岁时，谭嗣同在北京宣武城南读书，父亲为他延请大兴人士韩荪农作为学业导师。作为饱学之士，韩荪农常传授中国传统纲常伦理，然而谭嗣同对这些枯燥无味的封建旧知并无兴趣，常和兄长谭嗣襄以游学之名，到龙泉寺、陶然亭一类的荒野玩耍。

10 岁时，谭继洵由户部员外郎升任郎中，谭嗣同便跟随父亲搬往新家库堆胡同，也就是后来闻名的“浏阳会馆”。在浏阳会馆居住期间，谭父请内阁中书欧阳中鹄主持家事，谭嗣同与兄长谭嗣襄趁机跟随欧阳中鹄读书。虽然作为中国传统士人，但是欧阳中鹄不仅没有抱残守缺，相反有着开化的思想品性。他尤其推崇王夫之、黄宗羲这些明末清初反映新兴市民阶层的思想家，认为这些人的学说才能匡扶人心，救治时弊，教化世人。因此，面对危机四伏的清王朝，欧阳中鹄强调读书人做学术要学以致用，学到的知识要推动社会的发展。可是，这种“离经叛道”的知识思维，不是当时科举考试的必考科目，结果导致他屡试不第，无法进入仕途来实现救国理想，只能委身于其他官员门下。然而，他并没有放弃自己的救国理想，而是转向教书育人，希望通过自己的言传身教，将来造就一批心怀报国理想的有志青年。故而，欧阳中鹄将自己的立世处世救世的心得毫无保留地传授给谭嗣同兄弟，教导兄弟俩要自立自强，品节高尚，做一位推动国家和社会发展的有用之人。

后来，谭嗣同还遇到了一位叫涂启先的恩师。涂启先是当时的“出格”青年，思想上不拘泥于传统，常呼吁国家要维新要变法，要自立要自强。这种思想对谭嗣同影响最大，使得长大成人的谭嗣同

既怀抱自由思想，又带有浓厚的家国情怀。

可以说，青少年时期的谭嗣同，在人生观塑造时期具有两面性。一方面，他要忠于父亲谭继洵的期望，深埋中国传统儒家典籍，像其他读书人一样寄望于将来考取功名；另一方面，在数位恩师的影响下，思想逐渐倾向于开化，盼望能从中外知识中寻找强国富民之道，这不仅造就了其不走寻常路的性格，甚至还带有浪漫的个人英雄主义色彩。

广结义士

随着谭嗣同的成长，其放浪不羁的性格也渐渐显现出来。1877 年，谭嗣同随父回浏阳为母亲修墓，设宴款待前来捧场的亲朋好友。在宴会上，谭嗣同结识了同为乡里的唐才常，两人交谈甚欢，志趣相投，由此结为挚友。唐才常打小就博览群书，中西书籍均有涉猎，性情奔放，思想活跃，不受封建礼法束缚。谭、唐叙旧之后，才发现二人都曾师从欧阳中鹄，可以说是同门师兄弟。那时谭嗣同刚刚失去母亲，有了唐才常的安慰，他心中的阴霾也随之淡去。谭嗣同后来曾在梁启超面前说，“二十年刎颈交，惟唐佛尘一人而已”，可见二人感情之深厚。

谭嗣同崇尚侠义，颇有侠客风采，虽然出身官家，但依然能与三教九流打成一片。据说，他还向当时有名的侠客大刀王五讨教过武术。大刀王五本名王正谊，字子彬，年少时一度出入河北、河南、陕西、甘肃一带，抢劫贪官污吏的财物接济穷困人家，以侠义闻名江湖。两人之所以结识，是由一个来自河北的武师“胡七”介绍，虽然王正谊比谭嗣同年长 20 岁，但看到谭嗣同心意已决，加上又是好友介绍，便收下了年仅 12 岁的谭嗣同，从此两人便成了“老铁”。

在与大刀王五的交往中，谭嗣同对“侠义”一词有了更深的理解。王五经常给他讲述社会上行侠仗义的故事，嗣同深感钦佩，并为其师傅作诗云：“二十年来好身手，于今侠气总萌芽。……快马轻刀曾过我，长安道上老拳工。粗枝大叶英雄

佛，带水拖泥富贵穷。归些游侠三岛外，忽然走入众狙中。散官奉职真无状，输汝江湖卖舞容。”谭嗣同在诗中不仅表达了对侠义之士的敬佩之情，还抒发了对晚清官员尸位素餐的鄙视之情。

光绪三年（1877 年），谭继洵补授甘肃巩秦阶道，携家眷远赴西北。路途遥远艰难，且逢丁戊奇荒，山西、陕西、河南三省灾民塞途，饿殍遍野，瘟疫流行。谭继洵也不幸感染，倘若得不到药物救治，很可能命丧黄泉。而这时的谭嗣同仅 14 岁，难挑家门大梁。正当谭家一筹莫展之际，幕客刘云田挺身而出，徒步十几公里摸黑寻觅村镇买药，回来时腿脚伤痕累累，衣裤浸透鲜血。经历此事，谭嗣同深受侠义精神的感染，之后和刘云田成为生死之交，还专门为之撰写传记并赞其“奋发敢为，无择劳辱”。

西北边塞，沙漠荒野无边无际，更开拓了谭嗣同壮阔的胸怀和豪爽明朗的性格。当时仲兄谭嗣襄、表兄徐蓉侠等一群年少好友同居兰州，他们经常斗酒纵横，上下议论，互相戏谑，在长城内外奔逐驰骋。在这种放浪形骸的轻狂生活中，谭嗣同留下了许多富有侠义精神的诗句，如：

茫茫天地欲何之，怅望西风泪有丝。
悲愤情深貂拌肉，功名心折豹留皮。
一朝马革孤还日，绝胜牛衣对泣时。
各有桑蓬千里志，不劳辛苦寄相思。

还有：

曾经沧海，又来沙漠，四千里外关河。
骨相空谈，肠轮自转，回头十八年过。
春梦醒来么？对春帆细雨，独自吟哦。
惟有瓶花，数枝相伴不须多。
寒江才脱渔蓑。剩风尘面貌，自看如何。
鉴不因人，形还问影，岂缘醉后颜酡？
拔剑欲高歌。有几根侠骨，禁得揉搓？
忽说此人是我，睁眼细瞧科。

“白日放歌须纵酒，青春作伴好还乡。”青年时期的谭嗣同就是过着这样一种豪迈又浪漫的生活，以傲慢的态度睥睨现实社会和封建礼法，把侠义精神落实到此后的人生实践当中。

科考失败

自少年时代，谭嗣同就对科举功名极为厌恶，每每提起热衷于科举的儒生，总是抱着蔑视的口吻。但出生在封建社会的官宦之家，谭嗣同的父亲谭继洵却为此感到十分忧虑，不时严词督促谭嗣同学习科举之道。

学业渐成之后，在父亲的安排下，谭嗣同赶赴新疆，在巡抚刘锦棠幕府中任职。本以为此次可以大展宏图，但刘锦棠却因祖母老病而辞官回乡，谭嗣同只能另谋出路。尽管厌恶科举，但迫于各方面压力，更是为了实现经世济民的理想抱负，谭嗣同还是选择参加了科举考试。从 1884 年到 1894 年，谭嗣同多次参加科考，但均未尽如人意。

在参加顺天府的乡试期间，谭嗣同遇上了在

湖南政界和学界都久负盛名的学者刘人熙，被其学识倾倒，便拜入门下。刘人熙也非常中意这位来自浏阳的老乡，在日记中多次提到谭嗣同好学深思、才华横溢、思维敏锐，对学问有着独到见解。谭嗣同听从刘人熙的建议，仔细研读王夫之的《船山遗书》、黄宗羲的《宋元学案》《明儒学案》等书。谭嗣同之后提出反对封建专制的思想，可以说很大程度受教于黄宗羲、王夫之等人的思想观念。

拜在刘人熙门下不久之后，胞兄谭嗣襄去世的噩耗传来，谭嗣同即刻启程，匆匆离开刘师为兄长奔丧。

谭嗣襄是谭嗣同的仲兄，也是多次科举考试未中，无奈远走台湾，在台湾布政使沈应奎的襄助之下，给台湾巡抚刘铭传做了幕僚。刘铭传非常看重谭嗣襄，让他掌管凤山县的盐税。谭嗣襄也不负众望，颇有行政才能，把盐政管理得井井有条，不仅百姓得了实惠，还增加了官府收入。但由于是外来人员，势单力薄，缺少后盾，遭受了不少的排挤和中伤。

谭嗣襄与谭嗣同为一母同胞，一起经历了丧

母之痛，两人在谭家可以说是相依为命。看到自己的二哥命死他乡，谭嗣同悲痛欲绝，悲愤难已，更是对晚清官场的腐朽和黑暗痛恨至极。因此，在数度科举考试未中后，虽然面临着父亲的高压，但谭嗣同还是绝意科举，未有第八次尝试。

十年漫游

从 1884 年到 1894 年这十年，对谭嗣同来说，既是赶考的十年，也是游历中国的十年。他的足迹遍布长城内外、大江南北，走过的省份有新疆、甘肃、湖北、陕西、河南、湖南、江苏、安徽、浙江、台湾等地，整个路程长达 8 万多里。

根据李喜所先生对《三十自纪》一书的梳理，谭嗣同这十年的活动轨迹大概是:

1884 年，往新疆，返兰州。

1885 年，由兰州至山西省龙驹寨，乘船由丹江至浙江，又由汉水至襄阳，直达武汉，过洞庭湖，达益阳、长沙，秋天回浏阳。冬又由长沙、洞庭湖、襄阳到山西，最后回到兰州。

1887 年，在兰州。

1888 年夏，由兰州经过陕西，从丹江至湖北荆州。沿着长江经过洞庭湖、长沙回到浏阳，最后回到兰州。

1889 年，由兰州经陕西，出潼关，渡过黄河，进入山西，又经过河北到达北京，最后去往湖南。

1890 年春，由浏阳赴湖北，夏又回到湖南。秋，经长江到达九江，最后到达安徽。

1891 年秋，返回长沙，游衡山，冬返回浏阳。

1892 年，在浏阳。

1893 年春，由长江抵九江、芜湖。不久返回湖南。夏，又从长江经过九江和南京到达上海，又从上海到烟台，又到天津，紧接着到达北京。秋，由天津通过海路到达上海，沿长江返回湖北。

1894 年，由武汉经过长沙，到达浏阳，冬天又返回湖北。

虽然主要目的是赶赴科考，但谭嗣同的心思始终不在考试上，而是遍览祖国大好河山，游历各地风土人情。兴致浓厚之际，谭嗣同还写了众多诗篇，如描写雨后关中平原的诗作《自平凉柳湖至泾州道中》：

春风送客出湖亭，官道迢遥接杳冥。
百里平原经雨绿，两行高柳束天青。
蛙声鸟语随鞭影，水态山容足性灵。
为访瑶池歌舞地，飘零黄竹不堪听。

描写西北无垠荒漠的诗作《白草塬》：

白草塬头路，萧萧树两行。
远天连雪黯，落日入沙黄。
石立人形瘦，河流衣带长。
不堪戎马后，把酒唱伊凉。

祖国的大好河山寄托着谭嗣同怀才不遇的愁苦，同时也激发着为国献身的爱国情怀。

谭嗣同漫游中国的十年，正值中国半殖民地半封建社会的深化时期。英国利用“马嘉理事件”，逼迫中国签订《烟台条约》；法国挑起中法战争，结果中国不败而败，反而签署了丢失权益的《中法新约》；俄国为了侵占中国的新疆，先支持阿古柏进兵，又逼迫中国签订《伊犁条约》；日本入侵台湾，进军朝鲜。中国领土危机迫在眉睫，民族危机即将爆发。

1886年，只有21岁的谭嗣同停驻兰州之时，听闻清政府以胜利者的身份却签署了出卖国家权益的《中法新约》，他的民族自信心跌到了谷底。他本以为这次中国能够凭借战争的胜利，多少灭点西方列强的嚣张气焰，没想到清政府的软弱和妥协，亲手把胜利成果葬送了。

万分悲愤之下，谭嗣同写成了蕴含着早期变法思想的《治言》一文。在这篇檄文中，谭嗣同把中国的历史分为3个阶段：夏商周时期的“道道之世”，秦以后的“法道之世”和鸦片战争之后的“市道之世”。所谓“道道之世”就是实行王道之治，通过君王个人高尚的道德进行国家的治理，而

“法道之世”就是实行严格的法律和变通的手段治理国家，至于“市道之世”就是实行中外交流的时期，民众开始注重物质利益，对将道德的信奉转移为对现实利益的追求。

在文中，谭嗣同还提出“立中国之道，得夷狄之情”的思想，虽然他认为中国和西方仍然是华夏和夷狄的关系，但他能够看到西方比中国强盛的地方，认可西方的法令制度和科学技术等超出中国颇多。也就是从这时开始，谭嗣同逐渐认可了西方的先进之处，其思想开始发生了转变。

02

甲午战败 思想剧变

公车上书

1840 年鸦片战争以后，清政府在对外交涉中节节败退，难以抵挡西方坚船利炮的入侵。1894 年，中日甲午战争爆发。在这场历时 8 个月的东亚两个邦国的战争中，清政府的湘淮两军接连战败，北洋海军全面覆灭，最后签订了丧权辱国的《马关条约》。

实际上，在甲午战争爆发之前，西方列强对中国抱持乐观态度，认为大清的经济实力和军事实力远超日本，大清海关总税务司赫德在战前指出“日本在这场新战争中，料将勇猛进攻，它有成功的可能，但只要中国经得起失败，就可以慢慢利用持久的力量和人数上的优势扭转局面，取得最后胜利”。但是战争的结果却让西方观察家们大跌眼镜，基督教传教士创办的《万国公报》发表感慨说：“予亦不知夫中国之懦弱孱怯，竟至于斯。”

甲午战争从一开始就引起了包括谭嗣同在内的浏阳士人的密切关注。战争爆发时，谭嗣同的老师欧阳中鹄先生正在北京，数次请假离开京城独自南下，先后拜访谭继洵等人询问战局。欧阳中鹄对清朝的政治军事情况十分了解，认为虽然经过洋务运动的发展，清朝的军备有所进步，也培养出湘淮两军等现代军事力量，但与日军相比仍存在较大差距，如果交战必然落败。因此他反对清军与日军正面交锋，而是赞成早日和谈，以免造成更大的损失。

《马关条约》签订的消息传到北京时，全国十八行省的1300多名举人正在北京应试，听闻《马关条约》签订，悲怆难忍，情不自禁，激烈反对割让台湾。十八行省举人在松筠庵集会，决定联名上书皇帝，推康有为代为起草。康有为系广州府南海县人，治学大开大合，演讲颇有吸引力，为人狂傲，人送绰号南海“康圣人”。在众目睽睽、万众瞩目之下，他连夜起草了一份《上皇帝书》，各省举人在这份万言书上签名的多达千名。

在这份上书中，康有为以极其悲愤的心情，痛陈《马关条约》的严重危害，抛出“拒和、迁都、变法”三主张，建议皇帝“下诏鼓天下之气，迁都定天下之本，练兵强天下之势，变法成天下之治”，其大意是：皇帝要亲自下诏书重整天下民心，用有学之士管理国家大事；迁都长安，将赔偿日本的两亿两白银改作军费，誓死抵抗到底，绝不主动求和；抓紧训练强大军队，保卫国家安全；实行变法，改革政治，使中国富强。

在万言书上签名之后，各省举人在翰林院侍读学士文廷式和康有为带领下，从松筠庵出发，一路游行，高声大呼，直奔都察院，将这封举人联名的万言书呈递都察院。在中国古代“公车”特指入京会试的人上书言事，因此这次十八行省举人的政治活动便被历史学家称为“公车上书”。这次上书

虽然遭到都察院拒绝，未达光绪皇帝手中，但其全文已被各地来的举人辗转传诵，风行一时，上海、广州等报刊盛行之地还刊印《公车上书记》，广为宣传，推波助澜。从此，变法之声越发振聋发聩，越来越多的知识分子投身到维新运动的洪流之中。

在图谋变法的过程中，康有为认为欧美国家之所以富强，是因为学会这个团体发挥了重要作用。与其师傅一样，梁启超也认为发动下层人民最有效的行动就是组织学会。在康、梁的筹划下，一家名叫“强学会”的组织在北京成立。当时，强学会的主要业务是翻译西方书籍并在国内印刷发行，主要目的就是为即将推进的维新运动提供思想资源和智力支持。不久之后，强学会就吸引了一众知识分子和不少的清廷官员，不仅有一些中下层的官员如陈炽、文廷式、沈曾植、丁立钧、袁世凯、徐世昌、杨锐等人，还有像湖广总督张之洞、两江总督刘坤一、直隶总督王文韶等封疆大吏也加入其中。

时在京城的谭嗣同得知强学会成立的消息，很感兴趣，便找到几位参加强学会的人士探听情况。经过多番考量，谭嗣同认为北京的强学会名流扎堆，难以出头，还不如效仿北京强学会，回到家乡湖南成立分会。而且，不久之后，北京的强学会就被北京政坛的守旧派群起攻击，在西太后的高压政策之下遭到了查封。

虽然顶着重重压力，谭嗣同还是决意冒着风险在湖南成立强学会。为了避免重走北京强学会的覆辙，他找到英国驻汉口领事贾士礼，希望能与之结盟，借助洋人的力量保护强学会。谭嗣同的想法是：“欲假耶稣之名，复欲行孔子之实，图目前之庇护，杜日后之隐忧，不图西人丝毫之利，亦不授西人丝毫之权。”实际上，谭嗣同想利用洋人为强学会保驾护航，却不分予权力和利益，这种想法本身就难以实现，因为对中国虎视眈眈的洋人不会放过任何一个侵略的机会。

果然，谭嗣同与贾士礼虽然有过两度恳谈，但还是没有搞定湖南强学会的“市场准入证”。此时，北京那边又传来消息，说清政府迫于西方列强和时政舆论的压力，要取消对北京强学会的禁令，并将之改为官书局，专门翻译西学书报。谭嗣同听闻之后喜出望外，天真地以为清政府此时风头转向，转而支持维新变法，岂料清政府只想把强学会改造成为己所用的官用机构而已。后来，谭嗣同明白了这只是清政府的政治伎俩，进一步认识到变法的紧迫性。

谭嗣同的老师欧阳中鹄也为清政府的战败既悲又愤，感到一腔热血在华夏大地无处施展。他写信给谭嗣同指责李鸿章卖国求荣，表示中国发展至此种境地，未来前景渺茫。另一位老师涂启先也是一位爱国志士，《马关条约》签订之时正在浏阳为甲午战争筹集义饷，听闻议和的噩耗，愤然发出感慨："天下之祸亟矣！《马关和约》直将中国国体元气一举丧尽！"

学术大变

甲午年间的谭嗣同，事务繁忙，少有闲暇，七月赴长沙参加乡试，之后去湘乡吊唁自己在新疆的"老板"刘锦棠，随后返回浏阳参与《浏阳谭氏谱》的撰写。在此期间，他对战局表现出了关心和焦虑之情。当时父亲谭继洵身兼督、抚二职，是湖北地区的临时最高长官，公务繁忙，事项杂多，所以谭嗣同在撰完《浏阳谭氏谱》之后，就回到汉口帮助父亲襄理政务，也得以借机对中日战争有着更为深入的了解。

在中日海军交火之际，谭嗣同得知战争的实际进程及中日军事力量尤其海军势力的对比之后，感觉清军取胜的机会实在微乎其微，与其师欧阳中鹄的看法类似，那就是清军不应与日军正面交锋，应该主动避敌人之锋芒。

在战争的善后方面，谭嗣同希望清政府能迅速与日签订和议。不过，他也深刻意识到，日本早在十年前就有图谋中国权益的想法，对于战败议和肯定不会善罢甘休，定会狮子大张口，借机讹诈。清政府派李鸿章赴日本谈判，1895 年 3 月 23 日，李鸿章签订了丧权辱国的《马关条约》，规定：承认朝鲜独立，割让辽东半岛、台湾及其附属岛屿给日本，另赔日本二万万两军费，约定日本臣民可在中国通商口岸设厂，开放沙市、重庆、苏州、杭州为商埠，允许日船驶入以上各口。此条约签订后，日本在华势力更加扩大，英、法、德等主要资本主义国家也纷纷效仿，援引片面最惠国待遇等不平等条款妄图“一体均沾”。

堂堂天朝上国，竟然被称为“蕞尔小国”的倭寇打败，这给当时的知识界和思想界带来巨大震动。梁启超这样描述甲午战争给中国带来的巨大冲击：

故非受巨创负深痛，固不足以震动之。昔日本当安政间，受浦贺米舰一言之挫辱，而巨民蜂起，遂成维新。吾国则一经庚申圆明园之变，再经甲申囫阴园之变，再经马江之变，十八行省之民，犹不知痛痒，未学稍改其顽固嚣张之习。直待台湾既割，二百兆之债款既输，而鼾睡之声，乃渐惊起，此亦事之无如何者也。

中日甲午战争的失败，也让当时的人们开始质疑洋务运动的“政治正确性”。自 19 世纪 60 年代到甲午战争爆发，清政府主导的洋务运动已开展30余年，然后经过战争的“洗礼”，其弊端显露无遗。还有，因镇压太平天国农民起义而起家的湘军，在战争中更是失去了在国内的骁勇，这让其家乡父老颜面无存。认清落后事实后，不仅往日的虚骄一扫而空，对国家的情况更多了几分急迫，谭嗣同说道：

“海军之不可用，犹曰中国所短也，中国之所长莫如陆军，而奉天败，高丽败，山东败，澎湖又败；旗军败，淮军败……即威名赫耀之湘军亦败，且较诸军尤为大败。”

事已至此，谭嗣同认识到清政府绝对拿不出救国救民的“良方”。政府官员因循守旧，只知发财享乐、贪污腐败，不仅置国家存亡于不顾，且对百姓强取豪夺，导致民怨四起。任由其这样腐化下去，对内引起内乱，在外导致列强瓜分，国家时刻有生死存亡之虞。因此，要想改变现状，首先而且必须要进行维新变法，这才是挽救民族危亡的唯一途径，于是谭嗣同大声呼吁：“中国今日之人心风俗，政治法度，无一可比数于夷狄。”

《马关条约》的签订木已成舟，谭嗣同悲愤痛心至极，长叹说战争失败未必不幸，眼下最要紧的事情就是赶紧同日本议和：“合约条款竟忍以四百兆人民之身家性命，一举而弃之，大为爽然自失！”每当想到民族处于厄运之中，时刻受到列强欺凌剥削，谭嗣同寝食难安，与朋友唐才常对坐谈论，彻夜不眠，情到痛处不禁潸然泪下。诗以言志，他写下了这样警醒后世的诗句：“世间无物抵春愁，合向苍冥一哭休。四万万人齐下泪，天涯何处是神州。”谭嗣同还痛斥清政府“竟忍以四百兆人民之身家性命，一举而弃之”。尤其是台湾的割让，令谭嗣同倍感国家之危机，如果任由列强如此欺侮下去，很快国将不国，华夏民族将不复存焉。

就是在甲午战争的刺激之下，谭嗣同开始了思想的新转变，那就是守旧不能救国，变法才能图强。在这时，谭嗣同开始告别中国传统的“旧学”，迎接新的时代潮流。他在《与唐钹函书》中说：“三十年后，新学洒然一变，前后判若两人。三十之年，适在甲午，地球全势忽变，嗣同学术更大变。”这一学术大变在《思纬氤氲台短书——报贝元征》一书中体现的更为明显。

《思纬氤氲台短书——报贝元征》乃是谭嗣同致其恩师刘人熙的女婿贝元征的函件。谭嗣同在先前的《治言》一文中认为西方制度源出华夏，实际上中西制度文化相通相连，然而，在《思纬氤氲台短书——报贝元征》一书中却发生了很大变化。谭嗣同批评当时的官僚集团遵循中国传统的圣人之道，固守夷夏之防，不承认西方在近代树立的优势，看不到西方科技文明的先进之处。

当时中国的知识分子深受“道”“器”之争的思想困扰。所谓“道”是指思想意识，而“器”则代表着物质。谭嗣同认为社会不断发展变化，“道”也应该随之发生变化。为了解决两者之矛盾，他拿出了“日新说”这一解决方案，那就是世界万事万物都处于竞争之中，万物必须竞争成功才能在世界上存活，如果竞争失败，那就会遭到淘汰。万物之间的这种关系，可以推演到中国和世界的关系。中国和西方就是这样的竞争关系，目前中西矛盾尖锐，已经不能共存，故而中国必须与西方誓死抗争到底，才能赢得生存。而中国现在已经极尽腐朽，国力衰微，无法与西方抗衡，所以变法就显得十分必要了。

谭嗣同认为要想变法并取得成效，须从根本上变，就是政治、经济、文化都要尽数改变。他批驳向西方学习的洋务派只是学些皮毛，没有掌握精髓。在书中，他提出的变法主张主要有：

第一，开设议院。各级官府都要设置议院，以便随时了解民意。凡是锐意改革且为百姓办实事的官员，就选拔进议院成为议员。

第二，兴办西学。废除僵化的八股文，推行有益于国家发展的实学，仿照西方建立初级、中级和高级三类学校。译介书籍，创办报纸，鼓励出国游学，增扩见闻。

第三，改革官制。以政绩作为官员升迁标准，上级用真正的政绩考察下级。另外，专业人干专业事，按照个人的专业各司其职，减少层级，提高官衔，提升俸禄。另外，大小官员都要精通律法。

第四，改革经济。成立商会，开办公司，允许民间股份投资实业，兴办保险业。开矿山、修铁路、办工厂、造轮船、广贸易、改漕务，发展资本主义工商业。办银行、改税率，收回海关自主权以及各种利权。

第五，兴练新兵。练乡兵，保卫地方安全，还要训练现代化的海陆军保卫国防。

第六，修订律法。改订刑律，学习和效仿西方国家的法律并结合中国的实际。清理狱案，官员必须秉公办事。

谭嗣同还提出实施变法亟须做到以下 4 点：一曰筹变法之费，二曰利变法之用，三曰严变法之术，四曰求变法之才。他还分别从经费、政策、人才方面对变法提出了切实可行的措施。然后迫于现实，虽有变法之计，但无施展空间，常令嗣同扼腕长叹，时感英雄气短，报国无门。

甲午年的冬日，谭嗣同写下对自己过去人生的总结之书——《三十自纪》。他在这本书中叙述了 20 岁以来的风雨人生，十年来风尘仆仆，周游全国，所行路程“合数都八万余里，引而长之，堪绕地球一周”，走过了祖国大川大河，游览了各地的名胜古迹，接触了劳动人民的悲惨境遇，认清了复杂严峻的社会矛盾，这使他不禁发出了“风景不殊，山河顿异城郭犹是，人民复非”的感慨！在总结自己过去 30 年的人生历程时，谭嗣同不时悔恨时光的虚掷，然而，他勉励自己在不断变化的时代中奋发努力，做出有利于振兴祖国的事业，于是又给自己取号“壮飞”。

可惜，谭“壮飞”此时虽有报国之壮志，但又始终找不到推行新政变法的途径和力量，无法助力当时积弱积贫的中国腾飞。

03 早期维新 鼓呼各地

起步故里

在战败的阴影笼罩下，不少知识分子以救国维新为己任，在全国各地掀起了一股兴办实学、变法图存的浪潮。谭嗣同开始探索中国变法的方向，经过对社会现实的分析，认为中国缺乏精通洋务的人才，这是阻碍中国变法成功的一大弊端。长期以来，中国传统儒生只知读经书，不晓得要学以致用。现在，国家已然处于生死存亡关头，旧式教育无法满足时代发展的需要，如果仍把四书五经当作救国良药，不仅救不了现在的国家，反而葬送了国家的未来。

在当时的中国，什么是实用的学问？谭嗣同提出变法的急务在教育贤才，求才的第一步在兴算学，也就是算学为“萌芽之萌芽”，更是“当今切要之图”。为了办好算学馆，谭嗣同先是找到好友唐才常，告诉他算学不仅与日常生活还有军事科技都有直接的关系，利用算学知识可以制造机器，也可以使用在陆路测绘、船舶驾驶、火炮发射等方面。可以说，算学知识的掌握程度，决定了一个国家的科技水平和军事实力。接着，谭嗣同又找到另外一个同道中人刘淞芙。刘淞芙是唐才常在两湖书院的同事，学识渊博，了解西学，又敢发议论，思想激进，所以三人一拍即合，开始进行算学馆的筹划和宣传。

事情本来发展得顺风顺水，然而，谭父听闻儿子打算在老家创办一所新式学堂，考虑到自己身在官场且居高位，加上当时封建保守势力过大，所以坚决予以反对。

谭嗣同数晚辗转反侧，夜不能寐，在屋子里反复踱步，心中抑郁无处发泄。一筹莫展之时，谭嗣同想到了另一个可以支持他事业的人——就是恩师欧阳中鹄先生。他赶紧挑起夜灯，写了一封长达万字的信，这就是著名的《上欧阳中鹄书》。在这封函件中，谭嗣同论述了中外时局以及变法的必要性，特别是创办算学社对变法维新的重要性。嗣同言真意切地告诉恩师，之所以开办算学馆就是想让学生从算学入手，学习与当前社会相适应的专门知识，主要目的是要变法强国。欧阳中鹄收悉函件之后，不仅表示支持，还对其中的办学措施进行了修订完善。欧阳中鹄还赶紧告知谭嗣同的另一位恩师涂启先，涂先生听闻此事欣喜异常，认为嗣同此举首开风气，是为天下谋利益的举措。考虑到算学馆的开设可能触及湖南地方守旧派的利益，两位先生建议初创阶段先不动声色，暗中访聘良师，购买书籍，招贤纳士，先把学堂办起来，生米做成熟饭，以防受到守旧派的阻挠而中途夭折。

受到这么多良师益友的肯定与支持，谭嗣同的心情一下子拨云见日，欣喜若狂，兴奋难耐。他赶紧起草算学馆的《开创章程八条》和《经常章程五条》，作为开办学校的章程。欧阳中鹄在阅读两则章程之后，觉得部分内容过于激进，可能遭到部分士人的反对，便予以删除，并改名为《兴算学议》，在湖南境内广为散发。

当时的湖南巡抚陈宝箴，是位思想开化的地方大员。陈巡抚看到算学馆的章程之后大加赞赏，夸赞谭嗣同的学识、才华和性情十分难得，下令将《兴算学议》印刷千本，遍发给湖南各大书院。既然得到了家乡首长的支持，谭嗣同的胆子大了起来，看中了浏阳文庙的奎文阁，决定将之改造为算学馆的校舍。然而遭到了地方官员的反对，认为这些西方技艺不过是奇技淫巧，还想用来取代科举制度，简直就是培养政府的掘墓人。无奈之下，谭嗣同与唐才常、刘善涵、涂儒翯、罗棠等人商议，集体上书湖南学政江标，请求划拨校舍和办学经费。江标本就有志于开辟新学，听取了谭嗣同等人的恳切陈述之后，对他们的请示一概允准。

事在人为，好事多磨。1895 年 8 月，谭嗣同和唐才常等人终于在故里湖南浏阳成功地设立了算学馆，由之揭开了湖南维新运动的序幕。

谭嗣同居留故里浏阳设办算学馆期间，还有一件事值得一表。当时，浏阳一带暴发旱灾，数十万灾民挣扎在死亡线上，救荒赈灾本应该成为地方官员的头等大事。然而，一些官员不仅没有任何作为，反而趁火打劫，中饱私囊，百姓无所依靠，苦不堪言。面对百姓的无助和哀号，谭嗣同的难过无以言表，赶紧行动起来，多方筹措，想法赈灾。一方面，联系自己的父亲湖北巡抚谭继洵寻求帮助，借资号召；另一方面，致信湖广总督张之洞和湖南巡抚陈宝箴请求赈济。除此之外，嗣同还发动本地士绅，捐款捐物，营救处于水热之中的灾民。

当贫苦百姓尚在死亡线上苦苦挣扎之时，浏阳本地的富户却利用灾情囤积居奇，把口粮卖往岳州牟取暴利。这让忧心浏阳灾情的谭嗣同为之愤慨，立即给自己的好友湖广总督张之洞的公子张立人去信，约他岳州相见。接头以后，谭嗣同实述浏阳灾情和富商劣迹，请求张立人出面拦下这批即将在岳阳市场兜售的粮食。张立人凭借总督儿子的身份，找到了父亲的老部下岳州总兵陈一龙，借到了10 余名兵勇。两人来到浏阳会馆，怒气裹身，义正词严，加上身高体壮的随行予以武力加持，吓得来到会馆娱乐的富商诺诺不敢言，只好应诺将售给岳州的粮食重新运回浏阳。

谭嗣同还痛斥富商首领刘来福，说浏阳一地数十万百姓忍饥挨饿，生灵涂炭，你们这些商人为了一己私利，利用荒年囤积居奇，吮吸民脂民膏，这种行为比偷盗抢劫还要歹毒十倍百倍，简直枉读了圣贤书。谭嗣同的崇尚侠义、关爱大众的思想品性更是得到了淋漓尽致的体现。

南去北往

谭嗣同在湖南不仅开办了新式学堂算学馆，还投身于赈灾活动，触动了一些人的利益，不少地方上的保守官吏对此颇有微词。父亲谭继洵担心儿子的行为会影响自己的仕途，也为了嗣同的未来着想，便给嗣同捐了江苏候补知府。

谭嗣同虽心生不满，但也不敢违抗父亲的命令。但是，他并没有马上赶赴南京做官，而是想先去周游中国各地，增加阅历，扩充见闻，还希望结识天下有学识之人，虚心讨教，取长补短，完善自身。于是他先是南下上海，接着又北上津京等地。

上海自 1843 年开埠以后，逐渐成为当时中国的贸易中心。外商嗅着商业投资的气息，纷至沓来，络绎不绝，建行栈、设码头、划租界、开银行，上海也从一个不起眼的海边县城开始迈向远东第一大都市，接触西风较早，思想也最为开化，一批向西方寻求真理的中国先进知识分子聚集沪上，译书、办报、集会、讲学、宣传救亡图存。尤其是北京强学会被禁之后，上海变成了维新变法的中心地。

来到上海的谭嗣同，受到这种气氛的感染，变法热情进一步高涨。经过朋友介绍，他走访了被誉为“传科学之教的教士”傅兰雅，参观了许多西洋传来的科学仪器。

第一次看到各种动植物化石之后，谭嗣同感叹，天地万物都处于不断进化之中，也只有进化才能生存，而一旦停止了进化就会走向灭亡。我们的大清国又怎么能因过去的历史成就而停滞不前呢？

参观了计算器之后，谭嗣同由衷地感叹西洋

发明的先进，说计算器不需要人力计算，只要掌握其使用方法，即便妇孺也能进行大数字的推算，输入数字就可以立刻得到答案，简直是天工巧物！接着又看了更为新奇的 X 光照相，谭嗣同这样写道：通过薄薄的一层相纸就能看到人的肝、胆、肺、肠、筋络、骨血，清晰得像透过玻璃一样，好像是把人的五脏六腑投射到纸张上，让人不敢相信！

离开上海，谭嗣同北上来到天津。天津当时也是中国的对外口岸，李鸿章在任直隶总督和北洋大臣时在这里兴办了不少洋务事业，工厂、铁路、轮船、洋学堂、军事工场、机器局等都有一定的规模。谭嗣同参观了这些舶来品之后，感叹这里的西洋设施规模宏大，非常先进，代表着中国为了救亡图存的发展方向。在天津，他还走进酒肆码头，接触普通民众，发现天津下层贫苦百姓都信奉一个名叫“在理教”的民间组织后，认为这些百姓缺乏文化教育，才会信奉这些荒谬的教义。由此，谭嗣同意识到，对普通大众的科学教育和思想解放刻不容缓。

谭嗣同从天津启程，来到政治中心北京。京师人才荟萃，激荡着各种各样的学说和思想，尤其是经过维新人士的前期推动，变法思潮成为社会共识。在这里，谭嗣同如饥似渴地吸收知识，扩充见识，结识好友，发展同志。他结识了张謇、严复、袁世凯等清廷官员，了解到朝廷的政治状况；认识了夏曾佑等开化人士，交流维新思想，积极筹划变法。这时的谭嗣同，更加坚定了自己维新变法的想法。

1897年8月，谭嗣同结束了长达5个月游历，遵父命来南京任职。到了南京之后，他给恩师欧阳中鹄先生写了一封信，谈了自己游历期间的所见所闻所感。

首先映入谭嗣同眼帘的，就是劳苦大众贫无立锥的悲惨情形。在天津，他看到平民百姓因为水灾流离失所，哀鸿遍野；在北京，他听闻东北地区受灾严重，饥民纷纷逃往关内谋取生存，仅山海关一处饿死的百姓就数以千计。

谭嗣同还看到了晚清官员的贪污腐化、无所作为。朝廷钦差对灾荒救济置之不理，地方官员更是蛇鼠一窝，无人出头过问。面对百姓恶劣的生存状况，各级官员极尽腐败残暴之能事，结党营私、钩心斗角，敲骨吸髓、肆意盘剥，只维护自己小圈子的利益，对国计民生一概不过问。

面对民众受苦和官场腐败的社会现实，谭嗣同更坚定了变法决心，提出了自己的政治观点，那就是削君权、兴民权、改官制。只有这样，才能冲破封建君主专制的政治压迫和伦理纲常的思想钳制，建立一个上下通、人我通、男女内外通的平等民主社会。

游走宁沪

虽然来到南京任职，但考虑到在上海才能找到一群志同道合的维新挚友，更是为了变法事业的开展，谭嗣同不得不多次前往上海，在两地之间多次奔波，通过实际行动投身变法救国的热潮。

当时的上海报业兴盛。《时务报》正是在这种背景下创办的，报社的老板是浙江钱塘人汪康年，担任主笔的是梁启超，麦孟华、徐勤、欧榘甲、章炳麟等文化界的“大拿”也是报纸的重要撰稿人。

这些人有一个共同的特点，就是推崇新学西学，反对旧学中学，因此，他们创办的这份报纸也旨在宣传维新变法、救亡图强。

《时务报》在1896年8月运营之初，受到多方阻挠，朝廷里的守旧派和社会上的顽固势力群起而攻之，企图将这份承载着新思想新理念的报纸扼杀在萌芽里，不让它开花结果。谭嗣同闻听这个消息后，给梁启超和汪康年很大的精神鼓励。他给汪康年写了20多封信，表明自己对办报的支持，鼓励他要咬定青山不放松，不管经历多少辛苦都要坚持办下去。梁启超后来回忆说，每当和谭嗣同见面都会同居一室，“每共居，促膝对坐一榻中。往复上下，穷天人之奥，或彻数日夜废寝忘食，论不休”，这是说他们两人只要碰面就争吵不休，当然所争论的是新学和新知，是如何变法和图强。

为了让《时务报》规范运营，有章可依，有法可循，谭嗣同找来南京的水师学堂、陆师学堂和储才学堂的办学章程，汲取经验，借鉴模板，同汪康年等人投身到办报章程的厘定，还参与制定了发行程序和款项计算等章程。

谭嗣同还为《时务报》撰写和推荐稿件。他将自己撰写的有关文字改革的《管音表》等文发给汪康年，还推荐了其他好友有关社会改革的好文。正因如此，1897 年 9 月，谭嗣同被推举为《时务报》的董事。

在协助运营《时务报》的同时，谭嗣同联合罗振玉、梁启超等人创办农学会，同时发行《农学报》。谭嗣同相信实业才能救国，农业更是其中的重点。他带头创建农学会和发行《农学报》的目的，就是为各地农业人员提供交流的平台，推广现代农业方法，发展中国的农业生产。谭嗣同亲自起草了《农学会会友办事章程》，提出既要设立总会，更要设立各地分会，总会和分会以及各地会员之间要彼此联络，互通声气，传播先进的农业技术，促进中国农业的现代化发展。同乡黎少谷撰写了一部《浏阳土产表》的著述，谭嗣同欣然为之作序，指出近年来乡村破坏、农业不兴，仅浏阳一地的赤贫农民就多达 40 万人，全国情况更可推见，因此，亟须发展农业才能解决乡村贫困问题。而想要发展农业，就要进行彻底地变法革新，更要铲除贪官污吏，并要发展工业反哺农业收入不足。另外，谭嗣同建议实行“以工代赈”的方法，利用农村固有资源开矿、建厂，为农闲时期的农户提供副业收入。

1897 年春，谭嗣同和梁启超、康广仁等人又在上海筹划设立不缠足会，借以推动妇女解放，改良社会风气。他们首先拟定了《试办不缠足会简明章程》，内容规定得具体详细。如会员的女儿不得缠足，若已缠足必须放足；会员如果家中是儿子，那么不能迎娶缠足女子；会员之间及其子女之间可以相互通婚；会员的女儿如果年纪太大，已无法放足，可以嫁给会中男子。

《时务报》将不缠足会的章程一股脑儿地予以刊载，引起了强烈的社会反响。很多人写信表示支持，还有人提出要给不缠足的妇女以物质奖励；有人提出要创办女子学堂，让女性接受文化教育，提升她们的生存技能以便贡献社会，还有人建议直接上书朝廷，让皇帝废除缠足的陋习。总之，虽然也有少数顽固不化的守旧派以祖宗之法不可变为名进行反对，但社会上支持的人数众多，掀起了一股反对缠足的热潮。

为了方便让大家都看到缠足的坏处，谭嗣同从亲友家雇用人走上街头，展示大脚。在舆论的推动下，不缠足总会在上海正式成立，谭嗣同任董事。福建、湖南、天津、江苏、湖北、广东、福建还有檀香山、澳门等地的先进知识分子行动起来，效仿上海成立了不缠足分会。各大纸媒为抢热点，也对不缠足运动开设专栏，持续报道，甚至连《申报》这样的知名大报也一同参与其中。各地的行动热潮，加上媒体的广为推广宣传，逐渐在社会上形成了不缠足的风气。

为破除普遍民众的封建迷信思想，宣传科学技艺和思想，谭嗣同还联合杨文会、刘聚卿、茅子贞等人，在南京创设金陵测量会，以花牌楼池州杨公馆为会所。谭嗣同为学会起草测量会章程，呼吁各发起人归拢各类科学仪器，集中使用，统一调度，还倡导进行科学实验，开民众之眼界。在谭嗣同等人的努力下，金陵测量会中的科学仪器日渐增多，天文镜、子午仪、经纬仪、级限仪、叠测仪、地平仪、测向仪、罗盘、空气风雨表、量风器、量雨器等二三十种西洋仪器设备均有收藏。谭嗣同出资购买许多科学书籍，如《行海通书》《八线表》《对数表》《开方表》等。

谭嗣同在上海和南京两地开展的这种文化活动，虽然不是直接的变法举措，但对于打破陈规旧习和迷信思想，提高普通民众的文化素养，开化社会风气等方面都发挥了重要的作用。

大作终成

在南京的一年，谭嗣同开始埋头《仁学》一书的写作。为了将这部书写好，嗣同博览群书，查阅资料，听取进步知识分子的意见。每写成一篇，都要从南京赶赴上海，向好友梁启超和唐才常等先进思想家讨教。可以说，《仁学》不仅表达了谭嗣同的个人变法观点，还汇聚了不少开明知识分子的意见。

《仁学》全书共分 50 篇，前 30 篇为上卷，后 20 篇为下卷，加上开篇的《自序》和《仁学界说》

两文，共计 5 万余字。梁启超曾这样评价这本书：“其思想为吾人所不能达，其言论为吾人所不敢言。”连当时知识界的翘楚、思想界的先锋梁任公都不敢评判，不仅是因为《仁学》的观点最为激进冒险，还由于这部集中体现谭嗣同政治主张和学术理想的著作，其内容通贯中外古今为闻见博杂之学，其思想来源既有中国传统的儒学、诸子学、佛学思想，又有西方宗教学、自然科学与社会科学思想。

《仁学》一书的知识来源，处于第一位的还是中国传统文化，尤其是儒学，对《仁学》的影响至深。这是理所当然的，毕竟谭嗣同生活在封建时代，从少年时代就接受儒学教育。在书中，他认为“仁”和“礼”是儒学的两个独立体，礼教在发展中变质为专制君主统治人民的工具，而儒家的思想精义“仁学”则包含着人与人之间相亲相爱、平等相通的思想。因而，《仁学》不乏传统儒家的思想观念，只不过利用今文经学来阐述自己进化论的历史观，强调社会前进的动力是“革故鼎新”。

第二个知识来源是西学。最明显的体现是他借用科学观念“以太”解释世界的构成。“以太”

原本是哲学家亚里士多德设想的一种物质，后被古希腊人泛指“青天”或上层大气，到 19 世纪中期又被物理学界定义为一种可以传导光、热、磁、电的媒介。谭嗣同曾于 1896 年阅读传教士傅兰雅出版的《光学图说》和《光学须知》两本科普读物，接触到了“以太”的概念，并运用到了《仁学》之中。他在《仁学》中说“以太”是一种无处不在，无所不能的神秘物质，世界的形成都归功于“以太”，“以太”是万物之源。

第三个知识来源是佛学。谭嗣同在南京为官的时候，结识了佛学大师杨文会，谭嗣同得以对佛学有了比较系统的了解。他希望通过佛学的“心力”来普度众生，救民众于苦难之中，还把佛家的“慈悲”作为其“仁学”的理论基础和思想归宿。

在五光十色的闻见博杂之学掩盖下，《仁学》的要旨就是用资产阶级的博爱、平等、自由和所谓的“民主”观念来冲决封建的专制主义和其伦理的三纲五常。

首先，冲破封建礼教的束缚。谭嗣同认为封建“名教”是维护专制主义的精神支柱，三纲五常钳制天下，杀人灵魂，惨祸烈毒达于极点，号召人们冲决君主、伦常、利禄、俗学、天命、佛法等封建网罗。他的结论是“三纲之慑人，足以破起胆而杀其灵魂”，一针见血地指出了三纲五常的毒害，揭开了封建统治者压迫劳苦大众的伪善面具。

如在传统孝道方面，中国历史发展上形成了“百善孝为先”的传统，到了汉代，孝文化更进一步变成了“父为子纲”的教条。毫无疑问，孝道对维系社会稳定和发展当然能起到积极的作用，然而，当孝道成为教条的服从之后，就变成了社会的枷锁，阻碍人性发展。谭嗣同对此有亲身体会，受制于孝道而听从父亲安排的他苦读经书，多次赶赴科举考试，兴趣爱好被完全剥夺了，所以，他对破除“父为子纲”的封建思想进行了不遗余力的宣传。谭嗣同从儒家文化“仁”的观念着手，杂糅以西方平等观念，认为孔子“仁”的观念可以看作君臣父子都是朋友，又结合认为众生皆是天的儿子的西方宗教理论，推演到父与子的关系乃是平等的。他还运用康有为的大同思想，指出如果家庭遭到破除，父子关系也就不复存在了。总之，父母的特权不是天生的，不能用所谓的“父为子纲”来压制孩子天性的发展。

再如“夫为妻纲”，谭嗣同在《仁学》中运用较多笔墨对此进行了深刻的揭露和抨击，大声疾呼女性要解放，男女要平等。他指出封建社会禁锢妇女身心，让她们足不出户，还严守男女之防，强迫妇女缠足穿耳，摧残女性身体。最令人痛心的是，在这种封建教条的毒害下，很多妇人认为自己遭受禁锢和摧残乃是天经地义之事。在家庭中，女性一般也处于最底层，沦为丈夫和家庭的附属。谭嗣同对封建礼法对女性的禁锢深恶痛绝，引用西方社会的观念，从天赋人权、人人平等的基本观点出发，说明男女平等的道理，以寻求妇女的解放。

其次，批判封建君权。谭嗣同引用明末清初进步学者所阐释的“民贵君轻”和“民本君末”观点，还吸收西方进步资产阶级理论，对君权展开多番批判。

在君民关系上，谭嗣同认为“生民之初，本无所谓君臣，则皆民也”，这是说君主的权力实际上来自民众的推举，应将民众和民生放在第一位。

至于“君权神授”这一沿袭千年的封建理论，在谭嗣同看来，君主既然由民众选举产生，那么，民可以举君，也可以废君。君是为民办事的，而大臣是协助君为民办事的；人民所缴纳的赋税，就是给君主办事的酬劳。他列举浅显易懂的例子，把君民关系比作盛行于乡里的迎神赛会，为了办得体面风光，需要推举一名会长来办理赛会各项事宜，办得好就人人拥护，办不好就让其下台。

至于“君臣关系”，常以“忠义”“死节”为标准，实际上也是为了维护封建君主而创造，既然封建君主的地位与百姓无异，那么这些忠义思想就显得荒谬且无意义。

在谭嗣同看来，封建专制君权行至清朝存在诸多弊端，到了改弦更张的时候了。他指出，2000 年以来，中国的君主实行的都是像秦国一样的暴政，而 2000 年以来的学问多是以君主的好恶为准则。在如此错误的君臣和君民关系下，中国几千年来停滞不前，行至清朝已然到了亡国灭种的边缘，必须要对这一封建君主专制制度进行彻底的改革。

谭嗣同写成《仁学》之后，考虑到书中的思想较为激进，可能会引起保守派的不满，并给父亲的仕途带来不利影响，所以并没有拿出来发表问世，而是深藏家中，束之高阁，只有亲近的少数朋友得以通读全书。直到谭嗣同牺牲后，在梁启超等维新派成员的努力下，才把《仁学》一书整理完毕，发表在于日本创办的《清议报》和上海的《东亚时报》上。由于篇幅较长，花费了近3年的时间才刊载完全书内容。

《仁学》里面的思想主张在晚清时期其实并不鲜见，可能有的思想家的理论不管是在内容还是逻辑上要比这部书丰富严密，然而，他们所缺乏的乃是《仁学》这样尖锐和激进的风格。梁启超和谭嗣同私交甚笃，梁启超是广东新会人，是中国近代史上著名的政治活动家、启蒙思想家、资产阶级宣传家、教育家、史学家和文学家，以倡导文体改良的“诗界革命”和“小说界革命”闻名晚清学林。他曾来湘担任时务学堂总教习，而谭嗣同当时是教习，两人可以说既是同志，又是同事，交情甚密，感情深厚。梁启超曾回忆第一次读到《仁学》时的场景，读完一遍之后感到十分震惊，当天就抄写了一部副本带回寓所，反复研读，每一遍都大受鼓舞。梁启超称《仁学》是真正的思想界的旋风，放射出万丈光芒照耀着后人。

《仁学》一书还对此后的革命派产生了直接的影响。中国近代著名资产阶级革命宣传家邹容，甚至把《仁学》赞誉为“维新运动的《圣经》”，说自己在撰写《革命军》一书时受益匪浅。革命党人冯自由则把谭嗣同一道列为兴中会的革命同志，赞扬《仁学》一书在推翻封建帝制和改造社会方面发挥了巨大作用。很多追求进步的青年，在读到《仁学》一书之后，自觉加入了革命阵营。

挥别过去

南京赴任之初，谭嗣同看到父亲为其谋得江苏候补知府的位置，心头感到兴奋，精神为之一振。他私底下盘算着，先是“候补知府”，之后再

“实授”知府，这样就能为官一方，掌握实权，可为变法提供政治空间。抱着很大的希望，谭嗣同于1896年8月来到南京，在这里开始了为期一年的候补知府的政治生涯。

然而，到了南京不久之后，谭嗣同就碰了政治的墙壁，遭到同僚的排挤，变得灰心丧气，大有虎落平川、龙困浅滩之感。这不但因为谭嗣同是外来户，举目无亲，缺少后台，更是由于南京的官僚们根本不把这个候补知府放在眼里。谭嗣同深以这种遭遇为屈辱，心情苦闷，对官场感到极度失望。本来寄望于推行“霸道”政治来实现新政夙愿，此刻都化为了水中花、镜中月。谭嗣同这时对封建旧体制死了心，表示“死心越国难图霸，抉目吴门去看潮”。此后，谭嗣同与官场很少往来，钻进佛教经籍，专心致志地探求解决社会问题的“灵丹妙药”。

1897年以后，西方列强加深侵略，中国的民族危机空前深重。德国抢占胶州湾，划山东为势力范围，俄国则占领旅顺、大连，划东北为势力范围，英国强租新界，将长江流域划为势力范围，法国抢占广州湾，将广东、广西和云南划为势力范围。看着国家领土一步步沦陷，民族权益一步步丧失，本已苦难深重的劳苦大众不仅要遭受封建主义的盘剥，还要任由列强的欺凌，谭嗣同忧心如焚，怀着沉重的心情给汪康年写信，说身处当前的时局，心中无比惆怅痛苦。心中一直怀揣着的维新变法的火种，此时被点燃起来，在谭嗣同的胸中熊熊燃烧，使他认定维新变法的倒计时已经开始了。

这时，同样渴望变法图强的维新派领导人康有为，开始结交政府上层。1897 年冬，康有为赶往北京，第四次上书光绪皇帝，请求立即变法，挽救危亡，扭转时局，再度中兴。康有为直言，现在各国报馆都在议论纷纷，畅谈瓜分中国事宜，搞得中国国内从政坛到民间惊惶不安，如果还不下定决心变法，光绪帝恐怕届时不仅保不住帝位，甚至连一介平民也做不成了。自登基以来，手无实权的光绪帝一方面害怕会成为亡国之君，另一方面更想趁推行变法新政培植自己的政治势力。他大力支持康有为进行变法，因此，北京城里出现了一波维新变法的热潮，也照亮了地方上的维新活动。在全国上下即将推行维新变法的氛围之下，谭嗣同也耐不住性子，不甘于在南京做无所事事的闲散官僚，于是决定“解甲归田”，选择前往故乡湖南实现政治理想和人生抱负。

谭嗣同选择湖南作为维新变法的根据地，主要有两个方面的原因：一是谭嗣同素来推崇的维新步骤，就是从地方开始先做实验，然后推向全国。二是湖南在甲午战后就掀起了维新变法的热潮，基础好，风气浓，这里聚集着一批和谭嗣同志同道合的维新人士，而且恩师欧阳中鹄、涂启先也居住在这里，还有巡抚陈宝箴、学政江标等湖南地方大员都支持变法。

1898 年 2 月，受湖南巡抚陈宝箴的邀请，谭嗣同回到故里湖南，全身心投入变法活动开展新政事业。

04

参与变法 投身新政

倡办时务学堂

在谭嗣同回到家乡之前，岳麓书院山长王先谦在1897年1月领衔呈报巡抚陈宝箴，请求为一所名为“时务学堂”的新式学校立案并获得批准。接着，熊希龄等请两江总督刘坤一拨盐厘加价银7000两为经费，将学校设在小东街。陈宝箴和刘坤一之所以支持时务学堂的开办，是为了开通湖南风气，培养学贯中西的新式人才。然而，作为乡绅魁首的王先谦在学校还是开设传统文学课程，保守卫道，背离“用可用之士气，开未开之民智”的建校目标。

谭嗣同来到学堂之初，就发现时务学堂还是打着行西学的幌子，干着教授旧学的“勾当”，明显沿袭了洋务派“中学为体，西学为用”的陈旧风气。这与谭嗣同的想法可谓是南辕北辙。他决定放手改变时务学堂的现状，不然还是换汤不换药，难救落后就要挨打的老病。

趁着担任时务学堂的分教习，谭嗣同决定利用“职权”对学堂先进行有限改造。他夜访好友唐才常，请求他来时务学堂担任中文教习。有好老师才有好学生，谭嗣同的这个革新举措，为湖南按察使黄遵宪所认可。看到新老师带来的新变化，黄遵宪提议延请梁启超和李维格分别作为时务学堂的中文总教习和西文总教习，可惜这两位文化“大拿”都是上海《时务报》的主力，总办汪康年不愿放行。谭嗣同多次致信汪康年请求放行。耐不住谭嗣同的软磨硬泡，汪康年只好忍痛割爱，答应让梁启超和李维格前往湖南。梁启超作为《时务报》的中文主笔，才华横溢，思想开放，早已是青年学子的偶像、文化界的“顶流”。李维格精通外文，学识渊博，擅长西学。毫无疑问，两人的转会不仅为时务学堂注入了学术活力，还因两人的口碑而为学堂广招生徒。谭嗣同还去往南京，四处奔走，多方运作，为学堂购置设备仪器。

在谭嗣同、梁启超等人的精心运作之下，时务学堂偏重于教授科学，学生在读期间要学习几何、代数、天文、物理、军事技术等西学知识。除了这些专业知识，谭嗣同、梁启超、唐才常等还格外重视学生的思想教育。谭嗣同刊印明朝反专制学者黄宗羲抨击君主专制的文章，暗地散发，让学生学习体会。唐才常和谭嗣同同属一个思想流派，看法相同，做法类似，也向学生灌输兴民权、倡革命的思想。梁启超则给学生讲授康有为的孔子改制、公羊三世等维新学说，传播变法维新和反对清朝君主专制的思想。在他们的鼓励下，时务学堂的学生阅读西方政治学说渐成风气，开阔了思想见识，提高了参与改革的热情。

然而，湖南的封建顽固势力对此非常恐惧，岳麓书院山长王先谦等向陈宝箴递交《湘绅公呈》，攻击谭嗣同等人散播的民权、平等学说，要求整饬

时务学堂，屏退维新人士。在多次攻击之后，时务学堂被迫停办。尽管如此，时务学堂还是前后招考 3 次，招收学生 200 余人。这些学生后来都成了湖南推行新政以及此后进行革命的火种。

创设南学会

谭嗣同回到湖南后另一个具有影响力的事迹，就是创立了南学会。所谓“南学会”，是指“思保湖南的独立”，使“南中国”可以不亡。

南学会之所以有如此寓意，就是谭嗣同看到德国抢占胶州湾后，其他列强纷起效仿，你抢占租借地，我划分势力范围，中国面临被帝国主义列强蚕食的危机，民族命运叵测。面对这种瓜分豆剖的时局，谭嗣同等做了最坏的打算，那就是一旦中国遭到列强瓜分而不幸亡国，“做亡后之图，思保湖南之独立”，使“南中国”“可以不亡”。谭嗣同认为当务之急就是成立一个学会，宣传救亡，开展地方自救，发展地方自治，并联络广东，将湘粤两省作为民族再度奋起的转圜之地，先在两地实行变法，而后再拯救全国。

因此，谭嗣同把办学会当作推进变法的必要手段，也是救亡图存的急切方法。他既想通过南学会传播西学、宣传变法、培养人才，还有意将南学会假想为地方权力机关，为将来召开议会做机构上的准备。1898年2月，还是在湖南巡抚陈宝箴的支持下，南学会正式成立了。

南学会成立这天，成为长沙的一道盛景。湖南巡抚陈宝箴亲自到场，还发表了热情洋溢的致辞。湖南地方官绅、商界学界精英也都到会捧场。梁启超更是慷慨激昂地指出，在民族危机空前深重的时代背景之下，建立学会以挽救危亡乃是不二的途径，还征引欧洲各国历史上正是设立各种“会”才得以自强，这道出了南学会御侮救亡、匡济时艰的政治性质。

虽然谭嗣同是南学会的发起人，自然可以担任学会之首。然而考虑到资历问题，学会延聘了湖南善化人皮锡瑞担任学长。皮锡瑞博览群书，创通大义，今文经学造诣很深，是当时有名的硕儒。因此，南学会形成了四驾马车的教学格局：皮锡瑞主讲学术，黄遵宪主讲政教，谭嗣同主讲天文，邹代钧主讲舆地。

南学会专设藏书处，多方搜集古今中外有用之书，尤其是科学文化、政治经济等实用之学更是收藏的重点。谭嗣同还捐出个人图书 101 种，共计 557 本。此外，南学会还出资订阅宣传新学的精神食粮，如《时务报》《申报》《湘学报》《国闻报》《万国公报》等 26 种颇具影响力的报刊。南学会购置幻灯、显微镜、望远镜等西方科学仪器设备，供会员们观察使用。

南学会看重集会演讲对启迪民众思想的重要性。集会每周一次，演讲不拘形式，可由讲演者自由发挥。演讲的内容虽然涉及政治、经济、哲学、史地、外交等内容，但主旨还是救亡图存、变法图强。谭嗣同经常莅会演讲，他在演讲时感情格外投入，颇有感染力，而且观点明晰，语言犀利，让听众信服。比如，在一次题为《中国情形危急》的演讲中，嗣同说民族面对生存危机之际，也是血性男儿奋起之时。中华男儿应引以为辱，推行变法维新，变法则强，不变法则亡。在《论今日西学与中国古学》的演讲中，谭嗣同抨击中国 2000 多年封建专制制度的弊端，热情地宣传学习西方对当时中国的益处。

南学会发出了时代的先声，湖南各阶层人士踊跃报名入会。然而，加入南学会要经过一定的手续，首先要有 3 名会友作保引荐，还要进行会中会议，同意者过半才可以获得准入资格。入会时要填写履历表，并缴纳会费，才可以参与学会举办的各种活动。在学会中表现积极的会员，还将有机会前往京师大学堂深造。

创办南学会，谭嗣同还有着深远的政治构想。他不仅希望通过南学会来团结维新人士，开化社会风气，还希望以南学会为火种从而点燃整个湖南的新政改革，而后将变法成果推向全国。他告诉友人，希望南学会能够承担起西方议院的作用，就是将议事和行政分离，相互牵制，彼此监督。为此，谭嗣同提出，在湖南要设立南学会的总学会，各地设置分学会，分学会受制于总学会。分会所在的官府开展行政事务前应与学会商议，经学会同意才能推行。百姓想要兴办事业，也可向学会反映，学会研究之后提出议案，就可以付诸实践了。

南学会在省城开办运营后，湖南各府县州纷纷响应，竞相成立地方学会，名目繁多，指向不同。长沙设有“湖南不缠足总会”“延年会”“积益学会”“学战会”“公法学会”和“法律学会”，浏阳设有“群萌学会”，衡州设有“任学会”，郴州设有“舆算学会”，常德设有“明达学会”等。这些学会虽然与南学会的名目不同，但均奉南学会为总会，自称分会。

然而，正当春江水暖之时，却迎来了倒春寒。保守顽固的岳麓书院院长王先谦纠集劣绅叶德辉发动狂妄攻击，罗织“首创邪说，背叛圣教，败灭伦常，惑世乱民”的罪名，攻击南学会及其学长皮锡瑞，导致后者离湘赴赣。1898 年 5 月，在开设仅 3 个月后，南学会即宣告闭会，其历史至此结束。

开办《湘报》

在南学会开展活动时，谭嗣同常组织会员阅读报刊，借以了解世界大事。然而，长沙的《湘学新报》十天一期，发行速度很慢，与天津和上海等地的报刊在时效上无法比肩，虽然可订阅这两地报刊，但送转更需时日，耽误不少时间。为适应湖南维新变法飞速发展的形势，南学会亟须创办一份属于自己的报刊，宣传变法大计，倡导救亡之法，推动整个湖南变法运动的进一步开展。

1898 年 3 月 7 日，谭嗣同和唐才常在长沙出版《湘报》，每天一期，唐才常和熊希龄担任主编，谭嗣同担任主笔。谭嗣同操刀写了一篇名为《湘报后序》的文章，阐释了《湘报》的办报宗旨，那就是报纸要不断记载新事、新人、新思想，才能让读者的思想紧跟时代潮流且不断取得进步。为了达到这个目标，《湘报》设论说、奏疏、电旨、公牍、本省新政、各省新政、各国时事、杂事、商务等栏目，刊载中外大事，启迪民众思想，点燃变法维新的火花。因此，梁启超后来如此评价《湘报》:“湖南人自此昭苏，后此奇才蔚起，以缔造我中华民国,《湘报》之赐也。”

谭嗣同将《湘报》和维新变法的政治主张紧密结合在一起，将《湘报》作为宣传政治主张的媒介和桥梁。他先后在上面发表了 20 多篇文章，介绍西方资本主义民主制度，宣传维新变法思想，支持和介绍各地的新政举措，这营造出维新变法的舆论空间，促进了受众群体的思想解放，增强了人们维新变法的自觉性。

谭嗣同等维新派在《湘报》上鼓吹西方“民权”“平等”的思想和理论，使一些孔孟卫道士和顽固反动士绅惊恐万状，惶惶不安。他们公开发表言论攻击谭嗣同和康有为同属一类，乃是“名教罪人”“士林败类”，指责两人宣传的维新变法思想是不折不扣的“异端邪说”。王先谦还企图逼迫谭嗣同停办《湘报》，他在致巡抚陈宝箴的信中说，“报馆有无，不关轻重，此事无论公私，皆难获刊”，“众口不平，转以报馆为多事，官评舆诵，莫不以停止为宜。论湘中之政务，去之无害，而颇有益；论台端之名望，行之无加，而或有损”。陈宝箴本来属意变法，然而却受到湖广总督张之洞的掣肘。张之洞有一天在《湘报》上看到了一位名叫易鼎的人写了一篇宣扬君民共主的文章，立刻致电陈宝箴，称文章观点偏激，太过出格。陈宝箴接到张之洞的指令之后，不禁担忧起自己的政治安危。本来他支持谭嗣同就是因为想借助维新派的力量，扩大自己的社会声誉，巩固在湖南的政治地位，现在形势倒逼之下不得不作出改变。于是，对王先谦在信中逼停《湘报》的看法，此刻的陈宝箴默认了。

得到了巡抚的默认，王先谦等守旧派更有恃无恐。他们公然纠集无业流氓和市井打手，来到《湘报》报社哄闹，逢人就打，见物就毁，殴打主笔，捣毁报馆。面临这种倒行逆施，不但《湘报》难以继续运营，维新派也倍感时艰。时务学堂的韩文举、欧渠甲、叶觉迈等人甩袖离去，梁启超也离开长沙回沪养病。唯独谭嗣同与唐才常面对这些倒行逆施时，面无怯色，毫不妥协。谭、唐两人向友人坦露心迹，说他们两人早就视地球如掌上之物，置死生于度外，“今日中国，能闹到新旧两党流血遍地，方有复兴之望。”

有意思的是，守旧派纠集在京城的湖南人一起上书光绪皇帝，请求严惩宣言变法的维新派。这些奏章恰好被支持维新变法的刑部官员杨深秀看到，于是他上疏辩护，大加赞誉湖南的维新成就，并斥顽固守旧派所说尽是污蔑之言。光绪帝深信杨深秀所言，不仅勉励褒扬了湖南的新政事业，还对谭嗣同留下了深刻的印象。

05

身陷党争 慷慨就义

抱病进京

德国抢占胶州湾之后，中国笼罩在被列强瓜分的阴影之中。在严重民族危机的激发下，维新变法运动迅速高涨。1898 年 4 月 12 日，康有为等人建立保国会，拟《保国会章程》30 条，主要内容是："以国地日制，国权日削，国民日困，思维持振救之，故开斯会以冀保全"，以"保国""保种""保教"为宗旨，即"保国家之政权、土地""保人民种类之自立""保圣教之不失"。保国会还要在各省成立分会，互相联络，互通声息。在京的外省人纷纷响应，浙江成立了保浙会，云南成立了保滇会，福建成立了闽学会。

1898 年，光绪从 1874 年登基至此已经做了 24 年的傀儡皇帝，虽有皇帝之名，但是一切权力都掌握在后党之首慈禧太后的手中。光绪是一位并不甘心沉沦的皇帝，面对频繁的战乱和无穷无尽的割地赔款，他感到无比焦急，不想当亡国之君。在这样的现状下，光绪亟须发展自己的派系，培植属于自己的政治力量，把权力从慈禧太后手中夺过来。这就是所谓的“帝党”与“后党”之争。

在光绪看来，眼下的维新运动正是天赐良机，错过再难逢。费尽周折，多方盘算，他才拿到了康有为的奏折，看后欣喜若狂，认为这就是大清国未来发展的方向。光绪帝让翁同龢吩咐军机处，以后若有康有为的条陈，不得延误，即日送达。作为同治、光绪两代帝师的翁同龢，是帝党的核心人物，也乘机向光绪帝举荐康有为，说应该将之召至左右，议行新政。一心想彻底翻身的光绪帝，听后大为心动，决定召见康有为一探究竟。结果不出所料，康有为的所言所谈深得帝心，两人可谓是一拍即合，相见恨晚。

6月11日，光绪帝颁布明定国是诏宣布变法。然而，北京维新力量未掌有实权，加上又是守旧派的大本营，要想让新政冲出重围，走出紫禁城，还需要更多的外援。光绪帝一方面给予康、梁等在京维新派以实权，另一方面让各地官吏推举合适人才进京留用。礼部侍郎徐致靖的推荐名单有黄遵宪、张元济和谭嗣同，尤其赞赏谭嗣同“天才卓荦，学识绝伦，忠于爱国，勇于任事，不避艰险，不畏谤疑”。在此之前，光绪帝在接到湖南守旧派弹劾维新派的奏章中就对谭嗣同留下了深刻印象，因此，在看到徐致靖的推荐后，就立刻下旨让谭嗣同进京面见。

此时身在湖南的谭嗣同，正承受着守旧派的猛烈攻击。虽然守旧派的种种阻挠行径削减不了谭嗣同坚持维新变法的决心，但却给谭嗣同的维新事业带来了很大阻力，不管是南学会、时务学堂还是《湘报》均步履维艰甚至走向了倒闭。就在山穷水尽之际，谭嗣同收到了光绪帝的进京诏令，内心十分激动，决定立即启程前往京师。

听闻谭嗣同要进京辅佐光绪帝，处于厄难的湖南维新人士奔走相告，好似曙光在前，重见天日，纷纷前往庆贺。好友唐才常专门为谭嗣同设宴饯行，还商定湖南下一步的变法步骤。原本不同意谭嗣同继续变法的欧阳中鹄此时也转变了思想，转向重新支持变法，写信鼓励嗣同进京后要全力辅佐皇帝。

谁料行至湖北，谭嗣同或因过度劳累，或因水土不服，身体突然不适，卧床不起，动弹不得，无法前行。光绪帝迟迟看不到谭嗣同来京，命官员多次发电问询，催促谭嗣同速速进京。虽然身体有恙，但抱着为国家图富强的决心，谭嗣同带病启程，想早点赶到北京，襄助光绪帝变法维新。

9月5日，光绪帝终于如愿见到了谭嗣同，相见恨晚，交流甚欢，决定授予他四品卿衔军机章京，与杨锐、林旭、刘光第共同参政。这四人也因此被称为“军机四卿”。光绪帝命各地禀呈的奏折概由四人阅览，所有的上谕也由他们起草，并且，“军机四卿”凡有变法主张，可随时上奏：“汝等所欲变者，俱可随意奏来，我必依从。即我有过失，汝等当面责我，我必速改。”

然而，维新派的改革措施改得太多，改得太急。如精简机构必当损伤六部堂官的利益，取消科举制也定会影响读书人的前程，开国会和设制度局也动了弄臣老吏的奶酪，这些人当然坚决反对。因此，当戊戌维新如火如荼地进行的时候，守旧派与维新派的斗争也到达了高峰。维新派的危急正一步步拉开了帷幕。

风云突变

维新派大刀阔斧的新改革直接触动了守旧派的切身利益，尤其引起了西太后的警惕。西太后慈禧自祺祥政变上台，到现在已专权近 30 年，虽然治国无法，但弄权有术。她预感到光绪帝要以变法为名，行夺权之实。她紧急采取一系列非常手段，削弱光绪帝的势力。

1898 年 6 月 15 日，慈禧太后先是强迫光绪帝将支持变法的帝师翁同龢革职，赶回老家江苏，永不录用，接着任命亲信荣禄为直隶总督，统帅董福祥、聂士成和袁世凯分别带领的甘军、武毅军和新建陆军。16日，慈禧派刑部尚书崇礼兼任步军统领，实际上夺取了北京的保卫力量和警卫大权。24日，又令刚毅管理健锐营，命怀塔布管理八旗官兵、包衣三旗官兵及鸟枪营。慈禧太后从外到内把所有的武装力量都交由自己人管理。

与此同时，慈禧加强对光绪帝的监视，严命紫禁城由步兵统领所领八旗兵把守，一旦发现可疑人员直接向太后禀告。为了加强对朝中大员和地方力量的控制，慈禧下懿旨陈明凡赏加官吏品级，补授文武一品和满汉侍郎，任命各省将军、都统、督抚、提督等官都须到太后面前谢恩。这样一来，慈禧太后控制了军事权和人事调免权。

朝中局势剑拔弩张，血腥政变一触即发。光绪帝此时已无路可退，也不肯让步。9月4日，光绪帝革去与新政为敌的怀塔布等6名守旧大臣的职务，7日又将慈禧最为倚重的守旧派大臣李鸿章赶出总理衙门。光绪跑到颐和园朝旨，慈禧太后脸色不悦，怒声责难说“九列重臣，非有大故，不可弃，今以远间亲，新间旧，徇一人而乱家法，祖宗其谓我何？”这个时候，一堆不愿意看到新政的守旧派官员，纷纷上奏慈禧，请求为了祖宗大业赶紧废掉光绪帝。慈禧见状，召来荣禄密谋，开始图谋废帝。

按照慈禧的政治安排，新上任的军机章京必须先到军机大臣跟前拜访，面见之后才能走马上任。但是谭嗣同等人是光绪帝特派进军机处任职，直接听命于皇上，无须先去拜谒。这招致了那些老资格的军机大臣的不满，便对新任的“军机四卿”百般刁难，给他们下绊子，甚至连基本的办公设施都不给提供。谭嗣同等人想秉承皇帝旨意处理政务时，几位守旧派大臣更是阳奉阴违，暗地下套。但是谭嗣同等人不为所动，每天依然坚持赶赴军机处参阅奏折，处理政工，为新政殚精竭虑。

可是，在守旧派猖獗的进攻下，维新派内部也发生了分裂。

在进入军机处之前，刘光第担任的职位是刑部主事，官俸太少，生活清贫，不但说不上富足，甚至连养家都困难，所以打算辞职，另谋去处。恰在这时，陈宝箴推荐他和谭嗣同一起辅佐光绪帝开展新政，于是就得到进入军机处的好机会。虽然刘光第支持谭嗣同的政治构想，但其变法的动力和信心不足，尤其在面对势力更强的守旧派的大肆攻击下，逐渐产生了退缩心理。

接着，另一位军机章京杨锐，本是张之洞的门生，因为曾加入保国会，所以也被陈宝箴举荐进入军机处。实际上，杨锐在内心深处更倾向于张之洞的“中体西用”，在变法上常以太过激进为由不愿意伸出援手，平素言谈之中也对康有为多有微词。

这样一来，“军机四卿”之中，只有林旭跟谭嗣同的想法一致。林旭是福建人，沈葆桢的孙女婿，举人出身。1895 年曾参与反对签订《中日马关条约》的学生游行，并上书请拒和议。目睹康有为在公车上书时的风采，更因仰慕康有为的学问，便拜入康门成为门生，所以很支持老师的政治规划。每当看到杨锐攻击康有为，林旭便忍耐不住，为他的老师出头，两人经常爆发争吵。在四人意见不合的前提下，谭嗣同也很难施展自己的变法抱负。

随着戊戌变法的逐步推进，守旧派不仅没有放弃抵抗，反而在慈禧的授意下攻击越来越激烈。湖南邵阳一位举人曾廉憎恨新政，在给光绪帝的上书中对变法进行全面攻击，称维新派舞文诬圣，聚众行邪，请求光绪帝赶紧杀掉康有为、梁启超等人，以保卫圣道，“塞邪慝之门”。这封上书恰好被谭嗣同看到，一时间愤怒至极，请求光绪帝不但不要听从曾廉所言，而且为了推广新政坚定人心，还要将曾廉处死，以儆效尤。但是光绪帝却以言论自由为由，拒绝谭嗣同这一弹劾。

为了予以变法更为彻底的制度保障，谭嗣同认为，必须彻底改变腐朽的封建政治制度。谭嗣同反复劝说光绪帝早开议院，说这是西方列强政治强盛的源头所在。实际上，从当时中国的政治框架来看，这个主张确实过于激进。谭嗣同也曾多次找康有为讨教，但康有为说现在守旧派势力过于强大，开设议院容易引发事端，不如先开懋勤殿，选出通晓国家政治的人才数十人，聘请东西各国的政治专家，共议政治，襄助朝纲。谭嗣同觉得此计甚妙，懋勤殿之法可行，便急匆匆请光绪帝下旨。光绪帝虽然接纳了谭嗣同的这一提案，但为了防止慈禧和守旧派的攻讦和反对，光绪帝命谭嗣同在拟诏书的时候，一定要从康熙、雍正、乾隆等先皇的圣训找出理论根据，这样便能为变法提供历史合法性。言谈结束之后，光绪帝还再三嘱托谭嗣同，让他写好诏书之后先呈送慈禧太后过目，经其同意后再颁行天下。经过这件事，谭嗣同认识到光绪帝有名无实，也就是穿着皇帝的龙袍而已，变法可以说任重而道远，新政前途渺茫昏暗。

9 月 12 日，谭嗣同代光绪帝拟了一道上谕，准备学习西方的政治制度，为民立政，以强中国。其中的改革重点就是康有为前期提出的制度局，“立专局以任其事”。这些专局共有 12 个，分别是法律局、税计局、学校局、农商局、工务局、矿政局、铁路局、邮政局、造币局、游历局、社会局和武备局，凡制度局“议定新政，皆交十二局施行”。然而，该政治设计方案一经传出，即引起舆论大哗，《国闻报》记载说“京朝议论汹汹，皆谈

制度局一事，谓将去各衙门及于台官词馆”，还有报纸指出这其实是“造谣听闻”“有故意造此流言以动众耶”。既然设立新机构，那就要撤销旧场馆，肯定得动既得利益者的一亩三分地。守旧派感受到了变法的热烈火焰，再一次向维新派发动了猛烈进攻，开始散布政治谣言，说康有为、梁启超、谭嗣同等维新派实则是西方列强潜伏中国的汉奸，要挟持皇帝图谋不轨，出卖民族利益。

与此同时，慈禧开始筹谋政治反转。她以讨论制度局为名，先与几位著名的守旧派大员密谋，然后再唤来光绪皇帝一起开会。会上，礼亲王世铎首先发难。他说开议院的制度，就是要用百姓压制君主，这是动了国本，实在不可推行。直隶总督荣禄和军机大臣王文韶二人随声附和，说要想使国家富强，开矿、设厂、通商、练兵即可，而政治制度尤其是皇帝制度是祖宗代代相传而来，万万不能变也变不得。军机大臣兼礼部侍郎刚毅对康有为大加批判，说这个汉臣贼子实行维新变法，就是想窃取爱新觉罗氏的政权。听到这群顽固老朽的胡言乱语，光绪帝感到不满，气得站起来，当场予以反驳，痛斥祖宗之法无法适应形势变化之时，就得作出改变，况且原本贫弱的日本在变法之后，不就变得强盛起来了吗！精神亢奋的光绪帝讲完之后，抬头看了一眼慈禧太后，只见她怒目圆睁，气不可遏。光绪帝此刻明白慈禧太后将要采取行动了，不但维新派身家难保，就连他这个皇上恐怕也再难有自由可言。于是决定先下手为强。

9月14日，惶恐不安的光绪帝单独召见杨锐，赐予他衣带诏，上面写着"朕位几不保，命康与四卿及同志速设法筹救"，大意是自己面临着危险，地位不保。请求康有为、谭嗣同等人迅速谋划，设法营救。杨锐回到家中，看完这封密诏，吓得不知如何是好，整整过了5天之后，才把密诏交给康有为。光绪帝看康有为一行人久久没有回音，以为没有送达，于是在17日让林旭再带密诏给康有为。18日，康有为收到这两封密诏，立刻给梁启超、谭嗣同等人带话，让两人赶紧来南海会馆商讨对策。然而，他们既没有兵权，也没有钱粮，手中的权力也都是靠一个没有实权的皇帝得来的。几人抱头痛哭，干着急没有办法，要想救出光绪帝，在他们看来比登天还难。

情急之下，谭嗣同突然想出一个险招，提出可以去请在天津小站练兵的袁世凯出兵包围颐和园，逼迫慈禧放人。康有为不予置否，只是说慈禧太后毕竟是光绪帝的母后，这样做有失孝道，恐怕陷皇帝于不义，对光绪的形象不利。林旭支持谭嗣同请兵解围的妙招，但认为袁世凯为人奸滑，两面三刀，恐怕不是可靠之人，不如到长辛店请求董福祥率兵进京。谭嗣同则告诉林旭说，甘军首领董福祥和维新人士素无来往，并受守旧派首领荣禄的指挥，倘若由他带兵入京，定会打草惊蛇，还是去请袁世凯比较好。走投无路，百般无奈，康有为、梁启超等人别无他法，只好铤而走险，同意由谭嗣同去请袁世凯带兵来京救驾。

夜访袁世凯

驻军天津的袁世凯，河南项城人，人称“袁

项城”。袁世凯的叔祖袁甲三开辟了袁家的仕途道路，曾官至漕运总督，参与镇压过太平军和捻军，为他赚得不少政绩。袁世凯的生亲袁保中则不太争气，科考没有取得功名，后来靠钱财捐了个同知官位。后来，因为家庭原因，袁世凯在1864年被过继给无子的叔父袁保庆为后嗣。袁保庆则在官场混得风生水起，跟随父袁甲三在鄂豫皖苏一带参与过镇压农民起义，立下汗马功劳，当上了二品的江宁盐法道。而袁保庆则和淮军将领吴长庆过从甚密，乃是至交，所以推荐袁世凯投奔吴长庆做了幕僚，从此开启了袁世凯的政治生涯。袁世凯在朝鲜壬午军乱中崭露头角，又历经甲午中日战争，逐渐在清廷上下赢得了“知兵”的美誉。

戊戌维新期间，袁世凯正在天津小站编练新军，周边笼络了段祺瑞、冯国璋、徐世昌、王士珍等，拥有新建陆军五六千人，成为一支不可小觑的新式军事力量，在清廷政坛上拥有一席之地。维新运动兴起之初，看到皇帝力主变法，袁世凯出于政治投机，便与维新派达成一致，还积极地加入强学会，成为清廷官员中不多的“维新派”的拥趸。因此，康有为、梁启超和谭嗣同等维新派对袁世凯印象很深，特别是康有为赞誉袁世凯思想开化，支持维新，乃是大清一位难得的将才。而且，康有为还曾派亲信徐仁禄赴天津小站与袁世凯联系，想试探袁世凯的真正想法。徐仁禄带回的消息，令维新派大为惊喜，那就是袁世凯拥护皇帝，支持变法，是维新派一个战壕里的“同志”。康有为等才向光绪帝密奏，说可以起用袁世凯。

9 月 16 日和 17 日，光绪帝两次召见袁世凯，封他为侍郎，专办练兵事宜。袁世凯表面上虽然对光绪帝言听计从，感恩戴德，但对于自己的突然受宠还是起了疑心。经过一番打探，终于获知了朝廷里的政治动向，那就是光绪帝实际上在朝廷里无人可用、无人敢用，真正的权力已掌握在守旧派手里，他现在是一位真正的“孤家寡人”。如果现在盲目地与皇帝并肩作战，和以慈禧太后为首的守旧派一较高下，那就是以卵击石，白白送死，与其这样，还不如早日投靠慈禧太后，不仅能保住身家，还可以捞取一些政治资本。于是袁世凯虽然表面上与维新派“卿卿我我”，实际上暗中拜访刚毅、王文韶和荣禄等守旧派大臣和慈禧太后的亲信大臣，向他们表示自己是西太后的人。当然，袁世凯在公开场合并不透露风声，让人琢磨不出迹象，既看不出与光绪帝为敌，也看不出与慈禧为伍。

此后的慈禧太后已经感觉到光绪皇帝将要有大行动，再不痛下决心，恐怕身家难保。经过与直隶总督荣禄密谋，决定开始最后的行动，时间选在十月底天津的阅兵仪式上，那时光绪帝和维新派都会出现在阅兵典礼上，正好可以把他们一网打尽。

光绪帝和维新派探听到这个消息，感觉到要提前出牌，抓住袁世凯这根掌握兵权的救命稻草，作最后的斗争和挣扎。9 月 18 日，谭嗣同深夜赶到西郊法华寺袁世凯的寓所。二人一见面，谭嗣同就情绪激动地告诉袁世凯，说如今国家备受列强欺凌，民族生存日趋艰难，百姓深处水深火热，而皇上推行变法维新，目的在于强兵富国，是国家、民族和百姓的福气啊！然而，西太后等守旧派势力不甘心自己的利益受损，不但不支持变法，还时时阻挠，处处羁绊，甚至还要在天津阅兵典礼上冒天下之大不韪废帝！看到袁世凯眉目紧锁，表情沉重，

颇有为皇帝安危担忧之表情，谭嗣同就将维新派的计划和盘托出：包围颐和园，杀荣禄，囚慈禧。

实际上，这时的袁世凯心里正在打着小算盘。他见谭嗣同神情激动，不同意这一计划，恐怕后者动起武来，对自己不利。于是，袁世凯向谭嗣同痛快地表示，为了国家大局和百姓福祉，袁某人早就将生死置之度外，舍命也要救出光绪帝，为新政保驾护航，义不容辞。听到这番话语，谭嗣同彻底相信了袁世凯的这场即兴表演。两人又秉烛夜谈，详细制定了“围园劫太后”和搭救皇帝的具体步骤，直到下半夜谭嗣同才作揖告别，满意离开。

谭嗣同离开之后，袁世凯左右盘算，前后拿捏，决定还是站在后党一边。9 月 20 日，袁世凯返回天津，把谭嗣同的计划一五一十地向直隶总督荣禄汇报。荣禄听后感到事态紧急，刻不容缓，一方面下令封锁进京道路，任何将士没有他的手令不准擅自进京；另一方面坐上专列连夜进京向慈禧太后告发。听到荣禄禀告后，慈禧大惊失色，做梦也没想到平素对她唯唯诺诺的儿子光绪皇帝胆敢如此恣意妄为。但是，善于玩弄权术、经历多场宫廷斗争的西太后，决定先发制人，立刻釜底抽薪。次日凌晨，慈禧太后命太监收了光绪帝的玉玺，将他软禁在中南海瀛台，还下令关闭北京各城门，封锁交通，出动兵勇全城搜捕维新派人士，要将这些“乱臣贼子”一网打尽，斩尽杀绝。对维新派来说，眼下摆在他们面前的只有两个选择：要么赶紧逃离北京，要么原地等死。

英勇就义

宫廷政变发生之际，谭嗣同和梁启超正在浏阳会馆策划如何借袁世凯的兵力营救光绪帝。维新派的核心人物康有为在事变之前就已得到光绪帝的授意，离开北京前往上海，此时正滞留在天津。这时传来了清军查抄南海会馆，逮捕康广仁的消息。听到光绪帝被软禁瀛台的消息，维新派虽然感到震怒，但也明白皇帝倒台，那也就意味着他们政治前景的终结。可是梁启超和谭嗣同等人还是没有放弃一线希望，现在他们幻想帝国主义列强会伸出援手。

在前期推行维新新政的过程中，英美两国表现出了支持的态度。政变发生后，梁启超首先想到的就是争取这两个超级大国的支持，于是奔赴英美两国使馆求助。殊不知，英美两国虽然在名义上与维新派打成一片，支持皇帝的新政，实际上根本不是想让中国变富变强，而是想让中国通过变法变得更加开放，这样更利于他们的经济掠夺而已。关键是，在帝党和后党的政治斗争中，后党的势力明显占据碾压优势。在这种事态明朗、胜负已分的局势下，再给败局已定的光绪追加筹码，对他们来说无甚意义，而且因为这件事开罪西太后，更是影响了他们的在华利益。所以，即使梁启超百般游说，英美两国依然投鼠忌器，不为所动。

梁启超看到英美两国使馆无人理睬，自己吃了闭门羹，万分焦急之下，只好病急乱投医，又转赴日本使馆。日本驻华大使对营救光绪皇帝表示超出自身能力范围，危险性等同于火中取栗，成功的概率类似大海捞针！但是，日本使馆同时表示愿为维新派提供政治庇护，利用使馆特权将他们秘密送往海外，先保证生命安全，而后再做长远打算。

到了现在，梁启超彻底醒悟了，拯救光绪帝的道路已经四处断头，难以通行。百般思索之后，梁启超决定接受日本使馆政治庇护的建议，火速找到谭嗣同奉告实情，让嗣同赶紧和他一起东渡日本，先保住维新力量，风波平息之后再图东山再起。

谭嗣同对于梁启超的提议，既赞成又反对。他觉得为维新变法保存火种的建议在当时的情势之下，不失为一条明智的选择，所以他希望梁启超能够借助外国的势力顺利逃脱，等待机会去往南方，在那里和康有为会合，再一起重整旗鼓，时机合适时将维新变法进行到底。然后，他却不愿跟梁启超一起从天津逃亡日本，而是决心一死，以身殉法来唤醒和警策国人，他说“各国变法，无不从流血而成，今中国未闻有因变法而流血者。此国之所以不昌也。有之，请自嗣同始”。在拒绝梁启超一起跑路的建议之后，谭嗣同拿出一沓书稿交付梁启超，希望他平安逃脱之后，能够将之整理出来，付梓出版，留作他日之念。梁启超看他不为所动，意志坚决，便不再相劝，独自经由天津前往日本。

事已至今，康有为和梁启超等核心人物都已远走避难，维新派已经没有了组织骨干和可依赖的力量。然而，谭嗣同仍想孤注一掷，拼上性命去搭救光绪帝。不过眼下只剩下他一个人，势单力孤，寸步难行，还必须另想办法。这时，谭嗣同想到了自己的师傅大刀王五。王五平日行侠仗义，爱憎分明，喜欢打抱不平，也很支持维新派变法图强的政治主张。谭嗣同请求他召集江湖侠客营救光绪帝时，王五毫不犹豫，立即应承下来。两人经过商议，决定由大刀王五带领江湖豪杰打入紫禁城救出光绪帝，然后召集全国的侠客义士，组织武装力量来京勤王，以光绪帝的名义与八旗军作战。

计划制订妥当，王五连夜召集一路豪杰前去瀛台营救光绪帝。尽管这些侠客身有绝技，武艺高强，但紫禁城毕竟是大内禁地，重兵把守，防卫森严，单凭数人难以闯入。王五一行还未打入大前门，就死的死，伤的伤，最后只剩王五一人。王五虽然历经各种打斗，身负重伤，然而依然没有放弃谭嗣同的重托，孤身一人在宫中躲了起来，寻找机会救出光绪帝。不过，三宫六院内遍布侍卫，少有动作就会被人察觉，单靠一人真是痴心妄想。王五只好逃出紫禁城，放弃了救帝的任务。

营救光绪帝的行动接连失败之后，谭嗣同自知大局已定，已是无力回天。虽然自己不惧流血牺牲，但他心里唯一放不下的就是父亲谭继洵。虽然父亲不赞同他参与维新变法，并多次敦促他与康有为划清界限，但是嗣同心里明白，那是父亲为自己好。谭嗣同强忍着思父之情，写下一封决裂信，痛斥父亲守旧顽固，表明要和父亲断绝父子关系，实际上，这是他不想看到父亲因为自己而受到牵连。写完这封信后，谭嗣同长舒一口气，整理行装，做好准备，迎接清军的到来。

9 月 25 日，谭嗣同、杨锐、林旭三人在浏阳会馆被清军围捕，另外，刘光第闻讯之后也自投入狱。加上先前被捕的康广仁和杨深秀，这被捕入狱的六人史称“戊戌六君子”。

谭嗣同进入监狱之后，没有流露出任何忧戚之意，反而神态自若，在狭窄逼仄的牢房里气定神闲，一如平日。大刀王五乔装打扮，暗中疏通，多次前来探监，商量劫狱出逃，但被谭嗣同断然拒绝。因为谭嗣同一心赴死，想要用自己的血肉之躯，警醒国民，唤醒千千万万的民众支持变法、投身变法。谭嗣同利用月光透过窗户的微光，捡起掉落地上的煤渣，在墙上写下了流传至今、警醒后人的名作《狱中题壁》：

望门投止思张俭，忍死须臾待杜根。

我自横刀向天笑，去留肝胆两昆仑。

这首诗中的“张俭”是东汉末年高平人，因弹劾宦官侯览，被反诬“结党”，被迫逃亡，而“杜根”也是东汉末年人，因上书请求邓太后归还朝政给安帝，而被太后下旨处死，不过行刑者慕杜根为人，将他悄悄释放。因此，“望门投止思张俭，忍死须臾待杜根”乃是揭露西太后等守旧派的狠毒，表达了对逃掉的维新派人士的思念和期待，也希望好友能够逃过官府的追杀，受到百姓的保护。诗中的后两句则抒发谭嗣同大义凛然、视死如归的

我自横刀向天笑
去留肝膽兩崑崙

雄心壮志，表明自己即将仰天大笑，慷慨赴死，去者和留者一样，都像昆仑山一样光明磊落。

谭嗣同等维新派人士被捕一事，迅速传遍了京城内外，引起了人们的注意。当时谣言四传，说法国、日本、德国、意大利四国即将出面干预。加上康有为、梁启超等人此时在列强的庇护下已顺利逃脱，可能借助西方力量干预政事。为了避免夜长梦多，守旧派纷纷上奏慈禧，请求即刻将狱中六人斩草除根。慈禧太后也生怕再出变故，节外生枝，于是决定对谭嗣同等人不再开堂过审，立刻处以极刑。

1898年9月28日，北京天空阴暗，乌云密布，寒风渐起。谭嗣同等人被关在笨重的铁笼里，缓慢地向行刑地宣武门外菜市口驶去。谭嗣同站立笼中，昂首挺胸，目光坚毅，没有流露出一丝惧怕的神情。他的目光洒向周边的围观群众，仰头大笑，大声喊道："有心杀贼，无力回天，死得其所，快哉快哉！"说完从容就义，年仅33岁。谭嗣同遭到无耻戕害之后，其亲友恐受到牵连，忙着撇清关系。只有浏阳会馆的老长班刘凤池崇敬谭嗣同的为人，趁着月黑风高带领人手潜入菜市口，将他的遗体带回馆中，出钱予以安葬。

谭嗣同的离世，引起了广大知识分子的强烈愤慨。好友唐才常听闻“政变猝发，六君子遇难，悲愤满腔”，失声痛哭，难过不已，写下挽联一副，纪念两人的友情，缅怀谭嗣同的牺牲：

与我分别几许时，忽警电飞来，忍不携二十年刎颈交，同赴泉台，漫赢将去楚孤辰，箫声呜咽。

近至尊刚十余日，被群阴构死。甘永抛四百兆为奴种，长埋地狱，只留得扶桑三杰，剑气摩空。

昔日维新同人皮锡瑞得知谭嗣同的牺牲，心中也是悲痛万分。中秋赏月时只觉阴风怒号，月亦无光，遂作长诗哀挽谭君：

竟洒苌弘血，难完孟博躯。南冠已共惜，西市更何辜？浊世才为累，高堂泪定枯。荣华前月事，缓步入中枢。

同归首未白，相见眼常青。访我来南学，看君上大廷。枫林忽魂梦，天道有神灵。一自沉冤后，朝朝风雨冥。

嵇康养生戮，何事说延年？杳矣匡时略，凄其怀旧篇。孝忠难喻俗，成败总由天。自古如纮直，纷纷死道边。

九关屯虎豹，一夜变龙鱼。李杜死何憾，伾文谤是虚。焙茶嗟未试，芳竹痛先除。尚有湘人士，来披邺架书。

君非求富贵，富贵逼人来。讵意山公启，翻成党祸胎。曾无纨袴习，终枉栋梁材。沧海横流酷，人间大可哀！

康有为在日本东京公办了六君子追悼大会，也有诗挽嗣同：

岳于惨戮，逢比孤忠，古人尚尔，于君何尤？魂魄如有灵，应同孝孺先生，矢口问成王安在。

唐代清流，宋朝党祸，自昔已然，而今犹烈，沧桑正多事，愿效子胥相国，留眸看越寇飞来。

梁启超则写下散文《谭嗣同传》，回忆了谭君轰轰烈烈又如流星过隙的一生，表达了对他敢于牺牲的敬佩之情。

1898 年 11 月 1 日，谭嗣同的灵柩运回故乡湖南浏阳，葬在风景秀丽的牛石岭脚下。茔冢坐落在群山怀抱之中，周护石构围栏，上树湘白玉碑："清故中宪大夫谭公复生府君之墓"。后来，谭嗣同的同乡宋渐元给他立下华表一对，镌刻联语："亘古不磨，片石苍茫立天地。一峦挺秀，群山奔赴若波涛。"正如这副对联所言，谭嗣同虽然牺牲了，但他的精神亘古不灭，气节永远立于天地之间，鼓舞着一代又一代的中华儿女奔赴若波涛，投身于推动国家富强的历史潮流之中！

图书在版编目（CIP）数据

谭嗣同 / 张海鹏主编；崔华杰，刘冰著. -- 北京：学习出版社，2022.11

（中华先烈人物故事汇）

ISBN 978-7-5147-1115-8

Ⅰ. ①谭… Ⅱ. ①张… ②崔… ③刘… Ⅲ. ①谭嗣同（1865-1898）—生平事迹 Ⅳ. ①B254

中国版本图书馆CIP数据核字（2021）第281478号

谭嗣同

TAN SITONG

主编/张海鹏　副主编/赵兴胜　编著/崔华杰　刘　冰

责任编辑：李　琳　　封面绘画：谢　淼
技术编辑：贾　茹　　内文插图：刘胜军
美术编辑：杨　洪

出版发行：学习出版社
北京市东城区崇外大街11号新成文化大厦B座11层（100062）
010-66063020　010-66061634　010-66061646
网　　址：http://www.xuexiph.cn
经　　销：新华书店
印　　刷：北京市密东印刷有限公司

开　　本：787毫米×1092毫米　1/32
印　　张：3.625
字　　数：52千字
版次印次：2022年11月第1版　2022年11月第1次印刷

书　　号：ISBN 978-7-5147-1115-8
定　　价：15.00元